JN116433

2030年までに日経平均10万円、そして大インフレ襲来!!

浅井隆

第二海援隊

プロローグ

勇気がなければ、ほかのすべての資質は意味をなさない

（チャーチル）

株で大儲けできる人生一度の大チャンス

二〇二〇年春、コロナ恐慌がやってきた。世界中の国境が封鎖され、株価は大暴落した。人々は突然の事態にパニックに陥った。

ところが、その後予想外のことが起きた。慌てた世界中の政府が財政出動し、中央銀行が人類史上最大規模の金融緩和を実施したため、株価が急上昇したのだ。二〇二〇年秋にはニューヨークダウは三万ドルを超え、日経平均はバブル後最高値を超え一時三万円を超えた。

一体、何が起ころうとしているのか。

私たちに、史上最大の「株で資産を倍増する大チャンス」が到来したのだ。アメリカの中央銀行であるFRBは、リーマン・ショック時の二・五倍ものお金をバラ撒いたし、日銀も何でもありの超金融緩和を実行している。もはや、これは資産インフレ、株価インフレだ。その先には国家破産が待っているが、それまでの数年から一〇年の間は株で大儲けできる人生一度の大チャンスだ。

そこに参入しない手はない。今まで一度も株をやったことがない人も含めてしっかり基礎知識を身に付けて、大いに資産を殖やそう。乗り遅れるな‼ 人の先を行け。人生一度のチャンスを鷲掴みにしようではないか‼

日経平均は二〇三〇年までに五万円を超え、ニューヨークダウは今の倍の六万ドルになるだろう（ただし、日経平均と違いニューヨークダウは三万ドル台で天井を打ち、そこから長期下落傾向に進む可能性もあるので要注意だが）。国家破産がやってくるまでの株価上昇の間は、日米中の成長株（五～一〇年で株価五～二〇倍）に集中投資し、国家破産時の株価大暴落のタイミングでは日経平均オプション（暴落時にはわずか一、二ヵ月で数百倍になる）を利用する。

というわけで、それらを巧みに使い分け、チャンスを味方に付けて資産を五～一〇倍に殖やそう。そのための、すべてのノウハウと耳よりなクラブの情報も巻末に載せているので参考にしてほしい。

さあ、あとはあなたのやる気と努力次第だ。私は、それを全力で応援したい。

一〇年後に素晴らしい果実が皆さんの手元にたっぷり残ることを祈って、挨拶に代えたい。

二〇二一年四月吉日

浅井　隆

（注）本書のタイトルには、多少極端かもしれないが日経平均一〇万円と書いた。しかし、現実的には二〇三〇年までに日経平均は五万円になっている可能性が高い、といった方がよいだろう。ただし、本格的インフレになれば一〇万円の可能性だってもちろんあり得る。少し大げさなタイトルを付けたわけだが、そういう意味だと認識していただければありがたい。

目次

第四章　通貨が紙キレになれば、株価は天まで上がる

第五章　大儲けするための準備――現物株からオプションまで

エピローグ

※注　本書では、特に記載のないところは一米ドル＝一〇九円で計算しました。

第一章　株価が上がるこれだけの理由

過去五七年間を振り返れば、
世界を揺るがすような時代の浮き沈みや悲惨な出来事にも関わらず、
堅実な投資原則に従えば概して手堅い結果を得られるという事実は、
常に変わることがなかった

（グレアム）

合言葉は「乗り遅れるな！」

皆さんは、四つのアルファベットから成る「ＦＯＭＯ」（フォーモ）という略語をご存じだろうか？

これは、二〇二〇年三月のコロナショック（パンデミックに端を発した全世界同時株安）以降にアメリカで大流行した投資にまつわるフレーズで、「Fear Of Missing Out」（取り残されることへの恐怖）の頭文字を略したものである。

元々、この「ＦＯＭＯ」（フォーモ）というフレーズは、主に若年層のＳＮＳ（ソーシャルメディア）依存を論じるために学者が創作した造語であった。どういうことかというと、フェイスブック（Facebook）やインスタグラム（Instagram）、さらにはツイッター（Twitter）などのＳＮＳが社会に定着して以降、若年層を中心に少なくない人が「自分がいない間に他人が有益な体験をしているかもしれないという不安」を抱くようになったとの報告が学者からかからされている。これは言わば、(人と)「つながっていたい欲求」や「承認欲求」といった類のものだが、それが時に人間の精神衛生に深刻な影響をおよぼしているという警鐘だ。

もちろん、金融メディアは「SNSで取り残されることへの不安」という意味で「FOMO」(フォーモ)を使っているのではない。では、メディアは最近の人々は何から取り残されることに恐怖を抱いていると言っているのだろうか。

もうおわかりだろう。そう、本書のテーマである「株高」だ。正確を期すと、メディアが使用する「FOMO」(フォーモ)は、株だけを対象にしたものではなく「ありとあらゆるリスク資産」を指している。

新型コロナウイルスは、文字通り世の中を大きく変えた。一九一〇年代のスペイン風邪や一九六〇年代の香港風邪という、かつてのパンデミック(感染症の世界的な大流行)に匹敵するという声も聞かれる。少なくとも、私たち現役世代が生きている時代においては、初めての経験であるということは間違いない。

全世界的な株高とあふれるお金

私たちは、社会的距離（ソーシャル・ディスタンス）の確保や至るところの消毒、そしてマスクの着用や手洗いをこれまで以上に徹底するようになった。一時的にせよ、他県への移動や外食行為などに自粛が呼びかけられるなど、生活様式が大きく変化したことは言うまでもないだろう。

今回のコロナ禍は、生活様式だけでなく資産運用の世界にも大きな変化をもたらした。その大きな変化の一つが、個人投資家の株式市場への参入である。「株で資産形成しよう」という人が劇的に増えたのだ。これは世界的な現象であり、またかつてない規模のムーブメントとなっている。

そして実際にアメリカで「ＦＯＭＯ」（フォーモ）というフレーズが流行するほど、コロナショック以降、ありとあらゆる資産価格が劇的な上昇を演じた。世界中の株価、オセアニアやアジア新興国に代表される不動産、ゴールド（金）

や原油といったコモディティ（商品）全般、ビットコインなどの暗号資産（仮想通貨）、さらにはエルメスのバーキン（高級品バッグ）やポケモンカード（希少な嗜好品）などの、オルタナティブ（代替）資産までもが異様なまでに上昇している。

国際通貨基金（ＩＭＦ）は、一九三〇年代の「グレート・デプレッション」（大恐慌）、二〇〇八年の「グレート・リセッション」（大不況）に続き、今回のコロナ禍を「グレート・ロックダウン」（大封鎖）と命名し、過去一五〇年の中でも記録的な信用収縮が起こったとしたが、資産価格は実体経済そっちのけで顕著なまでの回復を示した。

たとえば、アメリカを代表する株価指数であるニューヨークダウ平均株価は、二〇二〇年三月二三日にコロナショックの底値（終値）一万八五九一・九三ドル（ザラ場安値一万八二一三・六五ドル）を付けたのだが、そこから怒涛の快進撃が始まり、大した押し目（戻り売り）も入らないまま二〇二〇年一一月二四日には史上初めて三万ドルの大台を突破。その後も上昇は継続し、二〇二一

ニューヨークダウ平均株価の動き

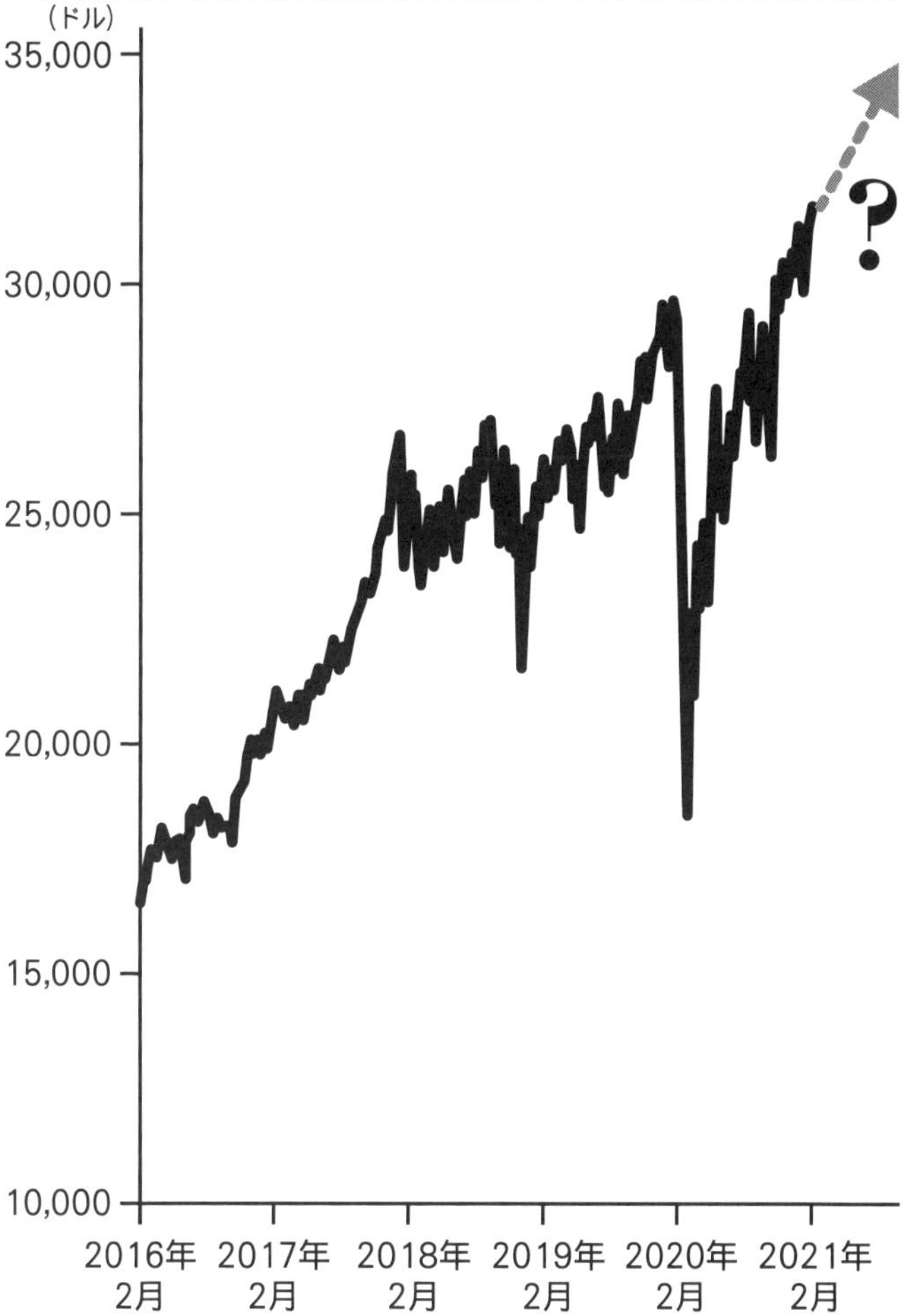

ブルームバーグのデータを基に作成

年三月一七日に最高値三万三〇四七・五八ドル（終値）を付けている。ちなみに、「ニューヨークダウが二〇三〇年までに六万ドル（約六五四万円）に達する可能性もある」というのが本書の予測だ。

株高は世界的な現象となっている。たとえばドイツ、韓国、香港、台湾、インドなどでも代表的な株価指数がコロナショック以降に史上最高値を更新した。日経平均株価は依然としてバブル期に付けた史上最高値を下回っているが、二〇二一年になっておよそ三〇年ぶりに三万円台を付けている。「日経平均が史上最高値を更新するのは時間の問題」というのが本書の見立てであり、さらには向こう一〇年で現状の倍（六万円台）から三倍（九万円台）にまで膨らむ可能性も十分ある、と予想したい。

ＩＭＦが言うようにコロナショックは歴史的な信用収縮を起こしたが、各国政府と中央銀行による壮大な財政出動と金融緩和によって、世界中で「Ｍ２」（現金や預金に代表される広範な通貨供給量の指標）は過去に例を見ないほど急増している。史上空前規模の「お金の大氾濫」と言ってよい。ちなみに、アメリカのM2は過去一五〇年で最大の伸びを示している。「過去一五〇年」で、だ。あふれるお金は、あらゆるリスク資産になだれ込んでおり、人々の間に「FOMO」（フォーモ）を蔓延させているが、実はそのほとんどがまだ使われておらず預金として眠っている。これが使われ始めた時、正確を期すと「貨幣の流通がスピードに乗った時」にインフレが起こる可能性が高い。このことは、のちほど改めて触れよう。

「投資の初心者が儲けている！」

兎にも角にも、世界的なお金の大洪水は資産インフレとも呼ぶべき状態を出現させた。こうなると、自ずと「他人が儲けた話」を聞く機会も増える。日本のバブル期がそうであったように。

ニューヨークダウが初めて三万ドルを突破した翌日、米ウォール・ストリート・ジャーナル（二〇二〇年一一月二五日付）は株高の波に乗って大きな利益を上げた個人投資家を紹介している――「ニューヨーク州在住で不動産関連を専門とする弁護士、ジョン・ビアンコさん（五五）は、ここ数ヵ月間に三〇〇回超の株取引を行った。せいぜい数十回だった過去数年からは急増だ。コロナ感染拡大を受けたロックダウン（都市封鎖）で、仕事をほぼ停止せざるを得なくなったビアンコさんは『ペロトン』のエクササイズバイクを購入し、毎朝これをこぎながら経済専門テレビ局CNBCを見るのが日課になった」。

記事は、ビアンコさんが購入した銘柄の多くが「大きく値上がりした」とし、具体的にはEV大手の「テスラ」が約三倍に、サイバーセキュリティ会社「クラウドストライク」が約二倍に上昇したと伝えている。その他にも宅配・航空貨物大手「フェデックス」、電子署名サービスを手がける「ドキュイン」、モバイル決済サービスの「スクエア」といった銘柄がビアンコさんに大きな利益をもたらしたとした。ビアンコさんの成績は、二〇一九年のプラス二〇％超に続いて二〇二〇年は四七％のプラスになっているという。

ビアンコさんはウォール・ストリート・ジャーナルに対し、「ほとんど収入が

インターネット取引の新規口座開設件数

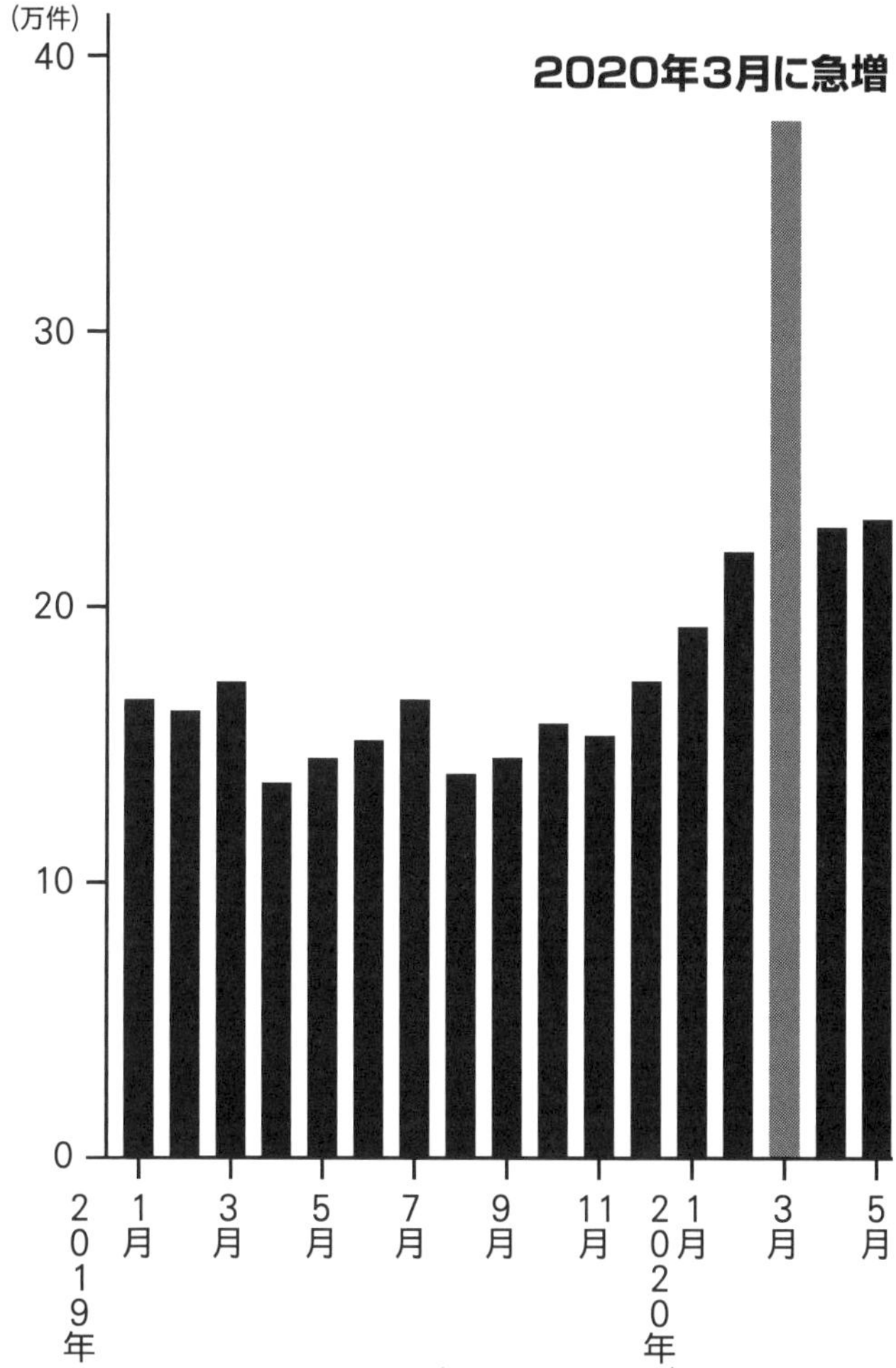

日本証券業協会のデータを基に作成

ない年に、ポートフォリオの規模を拡大できたのは非常に好運だった」「本当にすごい。想像できなかった活況だ」（同前）と熱っぽく語った。

こうした儲け話がメディアやＳＮＳを賑わせている。ユーチューブ（YouTube）やツイッターなどのＳＮＳ上では、株や仮想通貨で儲けた話の投稿が後を絶たない。他人の儲け話を聞くとついつい羨ましいと思ってしまうのが人間の性《さが》だ。それゆえ、世界中で新規の証券口座開設が相次いでいる。その多くが、若年層を中心とした新参者（投資の初心者）だ。

儲け話に加えて、「将来への不安」も若年層の「ＦＯＭＯ」（フォーモ）を助長している。そもそも日米欧などの先進国ではすでに低成長が常態化していたが、それに今回のコロナ禍が追い打ちをかけた。先進国の若年層の間では「自分たちが親の世代より豊かになることはない」という考えが蔓延しており、将来への不安が募っている。そうなると、「株で資産形成するしかない」という思考に囚われてしまうのも、もっともな話というわけだ。

お隣の韓国では、個人投資家を「東学アリ」（一九世紀末に日本の朝鮮進出に抵抗した東学農民戦争になぞらえ、投資規模が小さな個人投資家を昆虫のアリにたとえた造語）と呼ぶそうだが、その中心は二〇～三〇代と若い。韓国では、一五～二九歳の失業率が約一〇％と若年層を取り巻く経済環境は厳しさを増している。同国の京郷新聞は二〇二〇年一〇月、二〇～三〇代の株式投資家に焦点を当てた大型特集を組んだのだが、その中で紹介された投資家たちは経済状況こそそれぞれ異なるものの、共通点としてコロナ禍で増幅した将来不安を訴えていた。

極端な表現かもしれないが、人々の感染症に対する不安は、将来への経済的な不安に結び付き、ひいては「（コロナ禍でも）他人が儲けているのに自分は何をしているんだ」という不安に取って代わられたと言える。事実として、株取引に占める個人投資家の割合は、世界全体でかつてないほどまでに高まった。

二〇二〇年七月六日付のウォール・ストリート・ジャーナルは投資熱が急激に高まった韓国の例を紹介している――「韓国では若者が取引口座の開設に乗り出している。大荒れの市場でひと儲けして、金銭的に期待が持てない将来の見通しを良くしたいとの思いからだ。個人投資家の増加は世界的な流れで、韓国の若者の市場参入もその一環だ。背後には、桁外れに大きい値動きとソーシャルメディアのインフルエンサーによる後押しがある。新米投資家の参入もあって、韓国は今や個人投資家の一大拠点となった。同国の取引口座数は、人口比で米国の約二倍に上る」。

驚くべきことに、韓国では株取引に占める個人投資家の割合が二〇二〇年に八割超に達した。ちなみに、アメリカではその割合が二割超で韓国とでは比較にならないが、二〇一九年からは二倍の水準に増えている。

日本も例外ではない。二〇二〇年七月六日付のブルームバーグは次のように解説している――「(二〇二〇年)三月以降、国内株式市場で個人投資家の参入が目立って増加している。日本証券業協会が毎月公表するインターネット取引に係るデータによると、三〜五月の口座開設件数は合計約八三万件と、前年の同時期の約四五万件を大幅に上回った。(中略)東京証券取引所が公開している東証一部売買代金における個人投資家の比率を見ると、六月二二日の週は売り買い合計で二三％程度。約一三％と今年最も低かった三月一六日の週から上昇し、最近は二〇％程度で定着している」。

記事では三五歳の専業主婦であるカブ子（匿名）さんのコメントも紹介されていた――「コロナで株価が暴落し、これはチャンスと三月に株を買い始めた」。そのカブ子さんは、一二〇万円の軍資金を元手に長期で保有しても安定していると思うメジャーな銘柄を購入し、取材時点のリターンは二〇％ほどにのぼっていると記事は伝えた。

バブルを前提として株を買う

個人投資家の新規参入が相次ぐ中、「ＦＯＭＯ」（フォーモ）の蔓延はバブルの末期を暗示しているという分析もなされている。狂騒の二〇年代の最終局面で、「靴磨きの少年」（素人投資家）が現れたという逸話はあまりに有名であり、いつの時代も「素人の参加」は過熱相場のバロメーター（指標）だ。

現在の相場がバブルだという警告は、傾聴に値する。バブルは、弾けるまでそれがバブルであったか判明しないものだが、相次ぐ史上最高値の更新、素人の参加、実体経済との乖離、さらにはPER（株価収益率）といった指標は、いずれも過去のバブル局面と似通っており、現状がバブルである可能性は決して低くない。

それでも、「これからは株の時代だ！」と自信を持って言える。というより、これからの時代はもはや「株を持たないことがリスク」という認識に至るくらいがちょうどよいかもしれない。なぜなら、コロナショック以降に起こっている資産インフレの背後には「不換紙幣からの逃避」という壮大なテーマが隠されているからだ。カンの良い富裕層などはわかっているだろう――「これからはインフレの時代だ」と。

ピクテ投信のグローバル資産運用部長の松元浩氏は、ブルームバーグ（二〇二一年二月一七日付）で日経平均が三〇年ぶりに三万円に到達したことを問われた際、「増税が経済をクラッシュさせかねないことを考えると、国が公的債務を減らすにはいずれインフレを起こして負債価値を減らしていくしかない」と指摘。そうだとすれば、「貨幣価値が減っていく中で購買力を維持する手段の一つとして株式が選ばれる。三万円で達成感が出るのではなく、単なる通過点になる」と見る。

インフレの到来を前にバブル崩壊を軽視しすぎるのもよくないが、かえってバブル崩壊を恐れるあまり、株高の波に乗り遅れるということも避けたい。

近代になるにつれ金融政策が発達したこともあり、バブルが生成して崩壊する頻度が高まっているという分析が方々からなされている。もはや、現代の相場にバブルは付きものというわけだ。過去三〇年を振り返っても、七~八年に一度は世界を揺るがす金融の大事件が起きている。これが今後も繰り返し起こることは間違いない。そのため優秀な個人投資家は、バブルで儲けてバブル崩壊でも儲ける。株に投資するにあたっては、それくらいの気構えが肝要だ。

後世からすると、二〇二〇年三月のコロナショックは「金融史の大転換」として記憶される可能性が高い。将来の教科書には「コロナ禍を期に、トレンドはインフレになった」と記されるのではないだろうか。

私はそうした展開になる可能性をかなり高く見積もっており、皆さんにも「決して乗り遅れるな！」と強く叫びたい。決してＦＯＭＯ（フォーモ）のような心理状態になってはいけないが、これからの時代は資産保全という観点でも株を選好する必要があると強く感じている。

「とにかく買う！」という簡単な戦略

「株は長期の資産形成に向いている」という俗説がある。確かに米国株などでは結果的にそうであった。バブルが崩壊しても、結局は数年後に史上最高値を更新し、超長期では右肩上がりのチャートとなってきた。反面、日本株の「失われた三〇年」を例にとると、この俗説は正しくないように思われる。

しかし、実はそうではない。すなわち「株は長期の資産形成に向いている」という俗説は、おおむね正しいと言わざるを得ない。確かに、過去三〇年の日経平均株価とニューヨークダウを比較すると、日本株は圧倒的な負け組として映る。二〇二一年二月中旬時点で東京証券市場の時価総額は七兆四〇〇〇億ドルと、一九九〇年の二兆九〇〇〇億ドルより二・五倍に増えたが、同じ期間に世界の株式市場で占める割合は三一・二％から六・八に縮小した。

一方、三〇年前に三兆一〇〇〇億ドルで東京証券市場とほぼ同水準だったニューヨーク証券市場の時価総額は、四五兆五〇〇〇億ドルにまで増加している。世界の証券市場での割合も四二・〇％にまで高まっており、先にはグーグルやアマゾンなど五つのアメリカＩＣＴ（情報通信関連）企業の時価総額だけで東証一部の合計を抜き去った。

バブルが崩壊して以降、日本の機関投資家と個人投資家は株を売り続けている。バブルが崩壊するまでは、日本株の取引のうち日本の機関投資家と個人投資家が六割を担っていたのだが、この三〇年間でその割合はほぼ半分にまで減った。対して、外国人投資家や日銀の割合が格段に高まっている。外国人投資家の割合は、約五％から今では三割以上にまで高まった。

日本の個人投資家が過去三〇年にわたり一貫して売り越してきたことからわかるように、多くの日本人はバブルが崩壊してから株を敬遠するようになっている。そしていつしか「株は儲からない」というイメージが定着してしまった。「そんな日本株でも、長期で投資していたら儲かっていた」というのがウォール・ストリート・ジャーナルの言い分である。二〇二一年二月一七日付の同紙は「株投資は長期で値上がり、日本株も例外ではない」と題して長期投資の有効性を主張した。

株価は、長期的には往々にして値上がりする。このアドバイスは、数兆ドルに上る投資決定の大半において核心をなしてきた。だが、反論もなくはない。

反論材料の一つとして日本が引き合いに出されることがある。日経平均株価は今週、三〇年ぶりに三万円の大台を回復したが、一九八九年につけた史上最高値はまだ更新していない。

だが、これは配当の再投資という現実を無視している。長年にわたり資金を投じてきた多くの投資家にとって、リターンは明らかにプラスだ。

（中略）ＭＳＣＩ日本株インデックスに一九八九年一二月以降、毎月一万円を投資していれば、今では約七七〇万円に価値が膨らんでいる。これに対し、金利一％で同じ資金を銀行に預金していれば、その価値は四四〇万円程度だ。

（ウォール・ストリート・ジャーナル二〇二一年二月一七日付）

そして記事は、「三〇～四〇年をかけた株式投資で運用成績がマイナスになるのは、極めて不運なケースか、または非常に極端な状況で他にリターンを提供する代替策がほとんどない場合だろう」（同前）と結論付けている。

もちろん、これはあくまでも後付けであり、「失われた三〇年」の期間中ずっと積み立ててきた人などいないだろう。しかし私は、これからは日本株を対象

1990年とのデータ比較

■日経平均株価

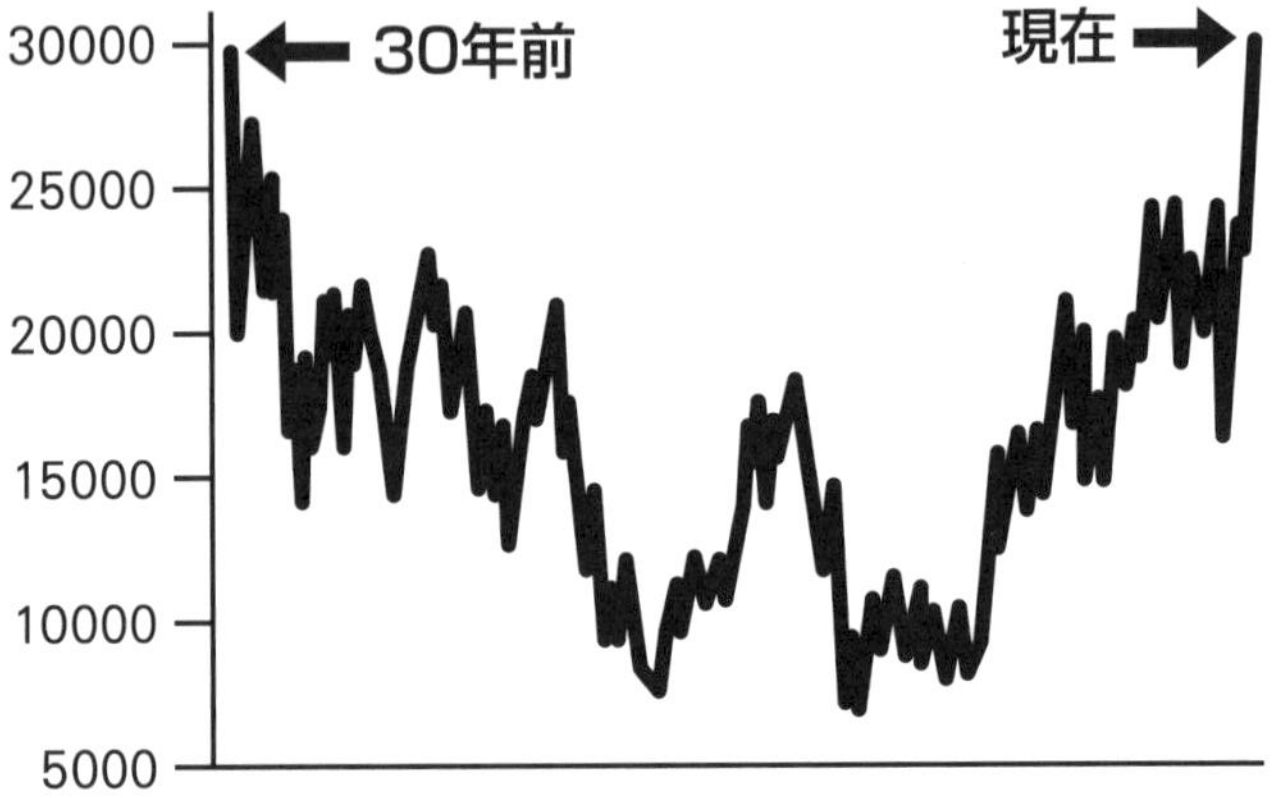

■ダウ平均株価

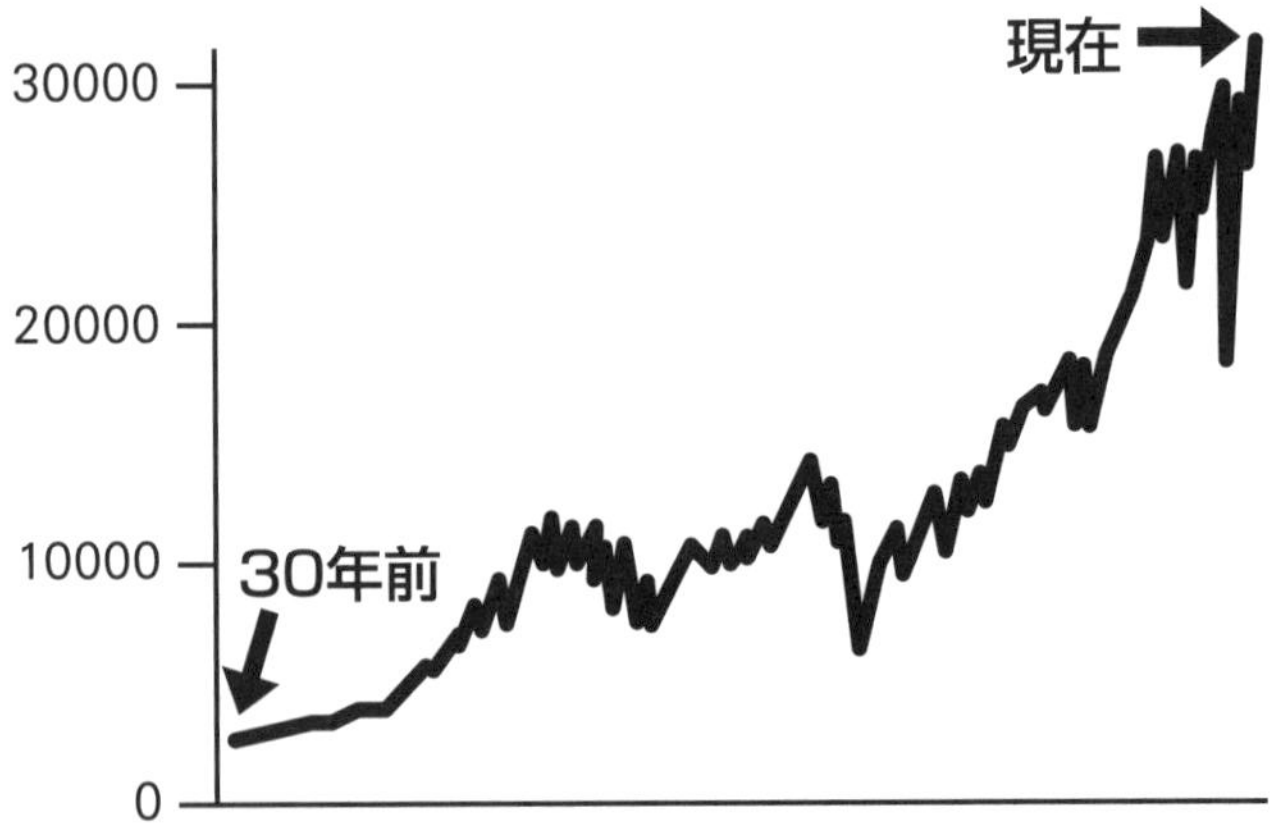

ロイターのデータを基に作成

経済・市場

	1990年	現在
東証1部時価総額	452 兆円	715 兆円
ドル/円	149.30 円	105 円付近
10年債金利	7.31 %	0.08 %
日銀政策金利	5.25 %	−0.1 %
ＧＤＰ（名目国内総生産）	460.7 兆円	539.0 兆円
人口	1億2361 万人	1億2616 万人
高齢化（65歳以上人口比率）	12.10 %	28.40 %
ＣＰＩ（コア消費者物価指数）	2.70 %	−0.2 %
マネーストックM2（1990年1月と2021年1月）	488.7 兆円（前年比11.9%）	1141.2 兆円（前年比9.4%）

※30年前＝1990年もしくは1990年8月3日の数値（終値）
※現在＝直近の数字

に「とにかく買う」という極めてシンプルな戦略を貫くことを、皆さんにお勧めしたい。

二〇二〇年一一月二五日付のウォール・ストリート・ジャーナルは、米国株が活況を呈している理由として、投資家が「とにかく買う」という至ってシンプルな戦術を駆使していることを挙げている。

一、現金を抱え込んで市場に背を向けてはいけない。

一、投資を手放すな、リターンはいずれ付いてくる。

一、危機の発生は買いの好機。

この「とにかく買う」という至ってシンプルな戦略は、金融危機で底値を付けた二〇〇九年三月頃やリセッション（景気後退）懸念が強まった二〇一一年、二〇一五年、二〇一八年に株式を積み増した投資家に大きな利益をもたらしたと同紙は伝えた。

一方、ロイター（二〇二〇年一二月四日付）は、そもそも株式への投資は長期ロングが有利だと説いている。

株に投資した場合と銀行預金にした場合

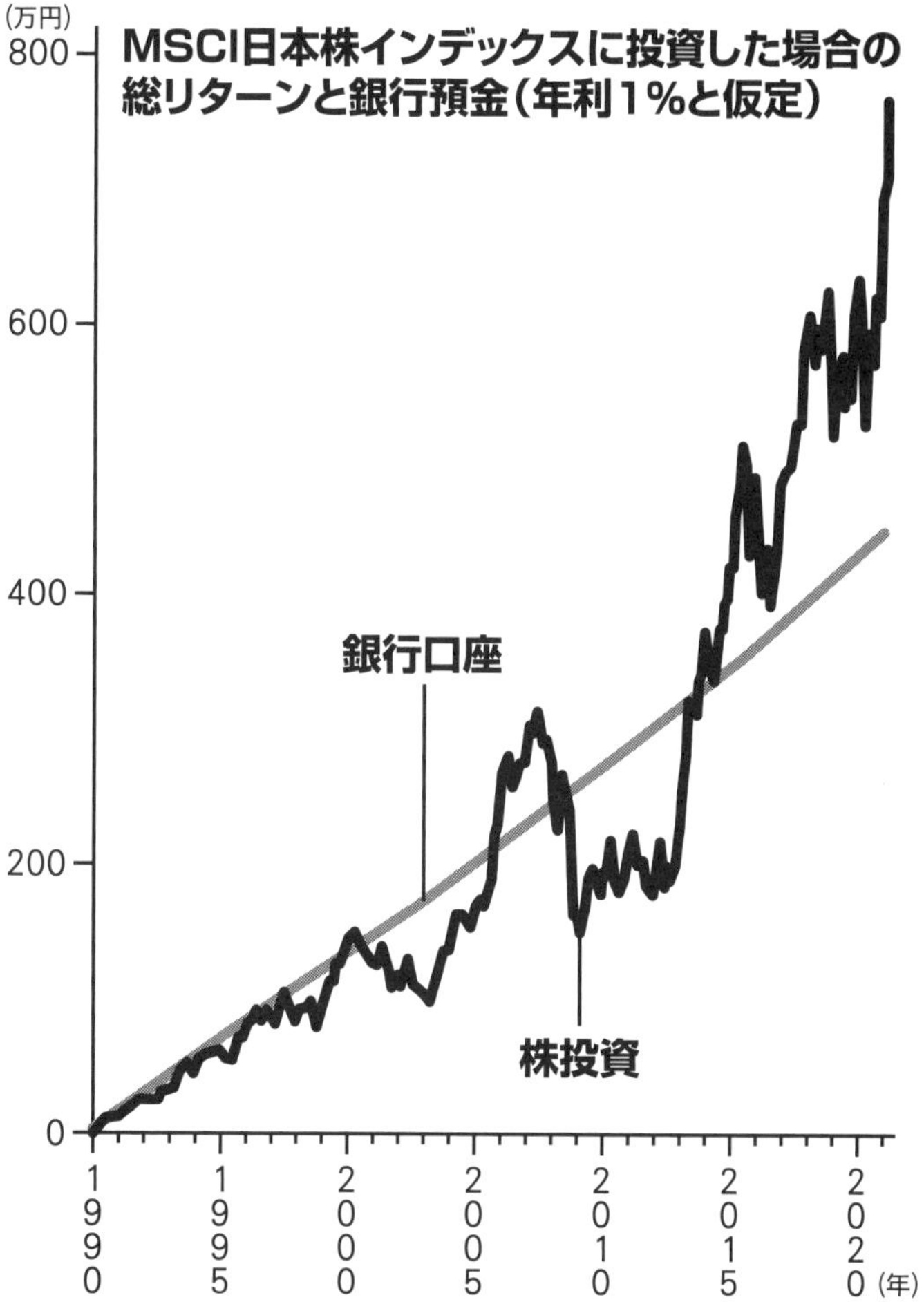

ファクトセットのデータを基に作成

株式市場は、しばしば万年強気と言われる。長い目でみれば、これまで上昇基調を維持してきた『実績』もさることながら、ロング（買い）の方が戦略的に有利だということも、その一つの要因だ。株価一〇〇〇〇円の銘柄がゼロ円になれば損失は一〇〇〇〇円だが、一万円になれば九〇〇〇〇円のプラスになる。損失は限定的だが利益は理論上無限大だ。また、株を買っておけば配当や株主優待ももらえる。一方、ショート（売り）で儲けるのはなかなか難しい。信用取引では、貸株料や逆日歩といった、ロングでは必要のないコストが発生する。もちろん配当ももらえない。よほどのネタ（売り材料）を持っていれば別だが、全体がロングに傾く中で、ショートで持ちこたえるのは至難の技だ。

（ロイター二〇二〇年一二月四日付）

私たちの分析では、日本株は二〇〇九年（リーマン・ショック）と二〇一一年（東日本大震災）で二回の底を付け、そこを起点に日本株は長期上昇トレンドに突入した可能性が高い。そのため、この「とにかく買う」というシンプルな戦略は、中長期的に奏功する可能性を秘めているのだ。

大まかに言って、この「とにかく買う」には二つの手段がある。

一つは「ＥＴＦ」（上場投資信託）で日本人に最も馴染みのある日経平均株価（指数）を丸ごと買ってしまうというものだ。ＥＴＦは持ち続けるのにそれなりのコストが発生するため、長期の運用には不向きと言われる反面、何よりわかりやすい。今後もバブルの生成と崩壊は繰り返されるであろうことから、次に株安で社会が大騒ぎになった時は勇気を出してＥＴＦに大きな買いを入れるというのも一案だ。実際、コロナショックから株価が世界的に反発した局面では、有名な株価指数に連動するＥＴＦに過去最大の資金が流入している。

もう一つの手段は、「一〇年先も潰れていない企業」を見極めて個別銘柄に投資する方法だ。この場合、誰もが知っていてグローバルに稼いでいる企業であることが条件となる。アメリカだとＦＡＮＧ（フェイスブック、アマゾン、ネットフリックス、グーグル）にアップルなど、日本だとトヨタ自動車やファーストリテイリング（ユニクロ）、機械大手のファナック、モーターに強い日本電産などであろうか。日本のグローバル企業の中で私の一押しはソニー（6758）である。詳細な分析は省くが、ソニーは二〇二〇年代にトヨタ自動車を抜いて日本一の時価総額となっても不思議ではないと思っている。

こういったグローバル企業は、世界経済の動向に左右されやすく世界的なバブル崩壊などでは大きく下げることが常だが、傾向的には回復も早く、何より「よほどのことでは潰れない」という安心感がある。将来的なインフレを考慮すれば、グローバルに活躍する優良企業の株を持つということは資産保全（購買力の維持）の手段としてもある意味で王道だ。

日本人に株を使った資産形成の話をする際に必ず聞かれるのが、「何を買ったらよいのかわからない」というものだが、極論を言うと潰れる可能性が限りなくゼロに近い企業であれば何でも構わない。それでも迷うという方は、私たちが運営する三つの株クラブ「日米成長株投資クラブ」「㊙株情報クラブ」「ボロ株クラブ」のどれかを利用して、アドバイスを得るのもよいだろう。

これは一般論になるが、株を買う際は一度に大きく買うことはできれば避けたい。特に、株価が堅調な時は様子を見ながら少しずつ買い増して行く方がよく、もし数年に一度の大暴落が起こったならば、決して慌てず逆に大きく仕込む（買う）というやり方がよいだろう。

投資の世界では、「個人投資家の六〜九割は儲かっていない」というのがなかば〝常識〟として語られている。確かに甘いものではない。それゆえ、依然として株を敬遠する日本人が多くいるのだろう。とはいえ、私たちは日本株が長期上昇トレンドに入ったと確信している。「宝くじは買わなきゃ当たらない」とはよく言ったものだが、同じように株も買わないと始まらない。私は宝くじを買うくらいであれば株を買った方がよいと考えている。基本的に株は宝くじのようなゼロイチ（外れか当たりか）ではないし、テンバガー（株価が一〇倍になること）に巡り合える可能性もある。

ぜひとも皆さんには、日本株を対象に「とにかく買う」という戦法を真剣に検討していただきたい。

行き場のないお金の行き着く先はインフレ!?

「FOMO」(フォーモ)の他にも、コロナショック以降のアメリカで流行したフレーズがある。「TINA」だ。これは「There is No Alternative」(他に選択肢がない)の略語である。

「ハイテク株からテスラ株、ビットコインに至るまで、すべての相場の急上昇は、ウォール街で『TINA』と呼ばれるものの兆候を示している。(中略)銀行預金の金利がゼロで、米国債の金利もほぼゼロの状況下で、投資家たちはリターンを求めてほとんどあらゆるものにすがろうとする」(ウォール・ストリート・ジャーナル二〇二一年二月一日付)。

前述したように、各国政府や中央銀行のコロナ対応によって、世界中で「M2」が劇的な増加を示した。それは過去一五〇年で最大規模という史上空前のお金の大氾濫と呼べる状態であり、それらのお金は低金利で行き場を探ってい

アメリカの可処分所得から貯蓄に回った割合（貯蓄率）

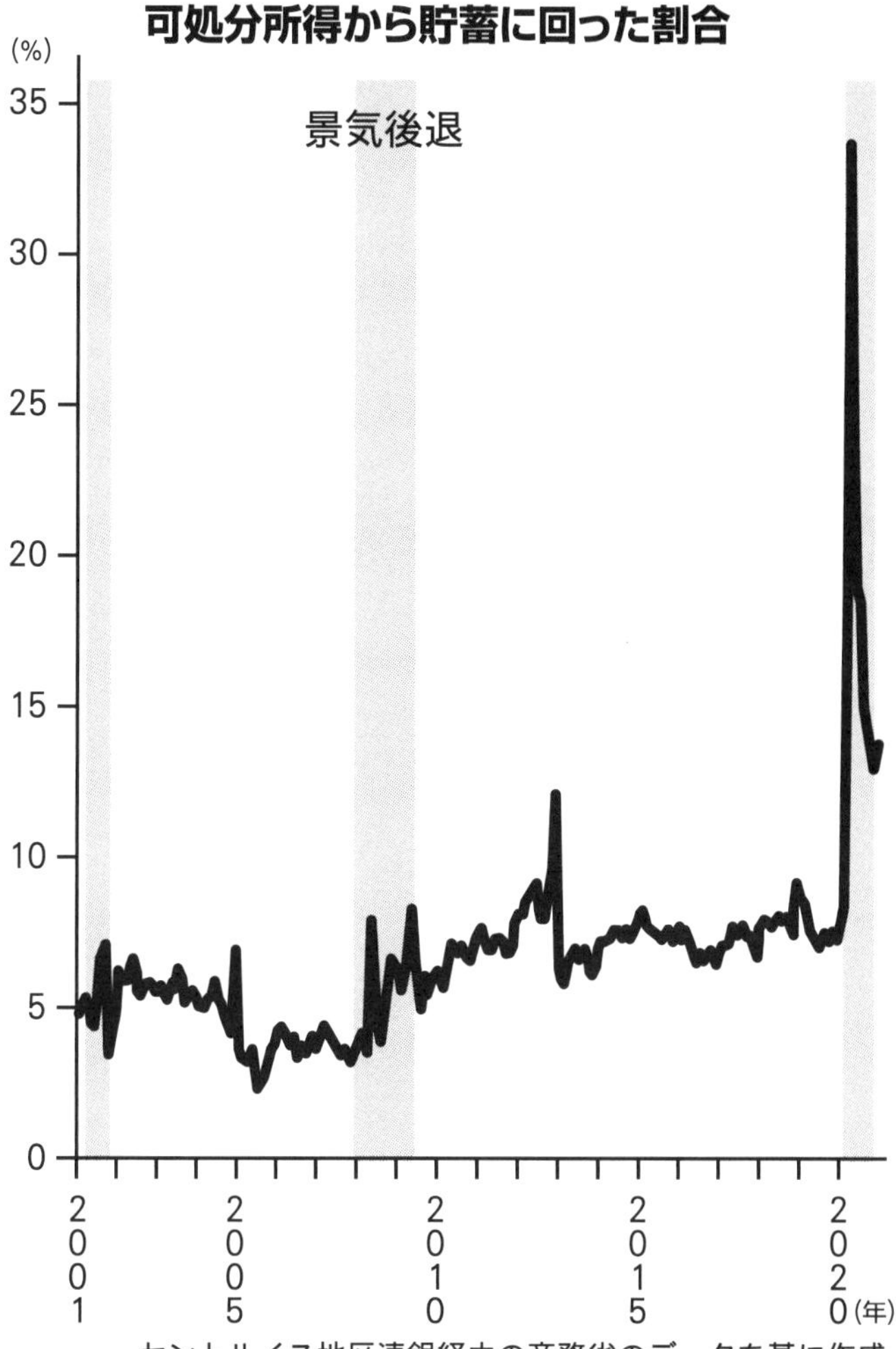

セントルイス地区連銀経由の商務省のデータを基に作成

る。そして、それらの一部がすでに株やビットコインといったリスク資産になだれ込んでいると言ってよい。

アメリカのＭ２は、二〇二〇年末に一九兆二八九八億ドルと前年比で二四・九％も増加した。この増加率は過去一五〇年で最大である。ちなみにアメリカでは一九七〇年代にもお金の大洪水が起こり、インフレ（正確にはスタグフレーション）が起きた。

アメリカ以外でもＭ２は急増しており、二〇二〇年末のそれはユーロ圏で前年比一一・五％増、イギリスで前年比一四・九％、日本で前年比九・二％増、中国で前年比一〇・一％増、韓国で前年比九・八％増となっている。中でもアメリカの増え方が特筆に値するが、他国も総じて二桁の増加率を示した。世界全体でこれほどまでにＭ２が増えたことは、歴史的にも珍しい。

過去に類を見ないほどのお金の大洪水の行き着く先は、〝インフレ〟だと考えるのが自然だ。現在はまだ社会活動が完全に再開されておらず、個人に振り込まれた給付金の使い道は限られている。給付金を生活費に充当する必要のない

アメリカの家計が保有する現金および現金同等物の額

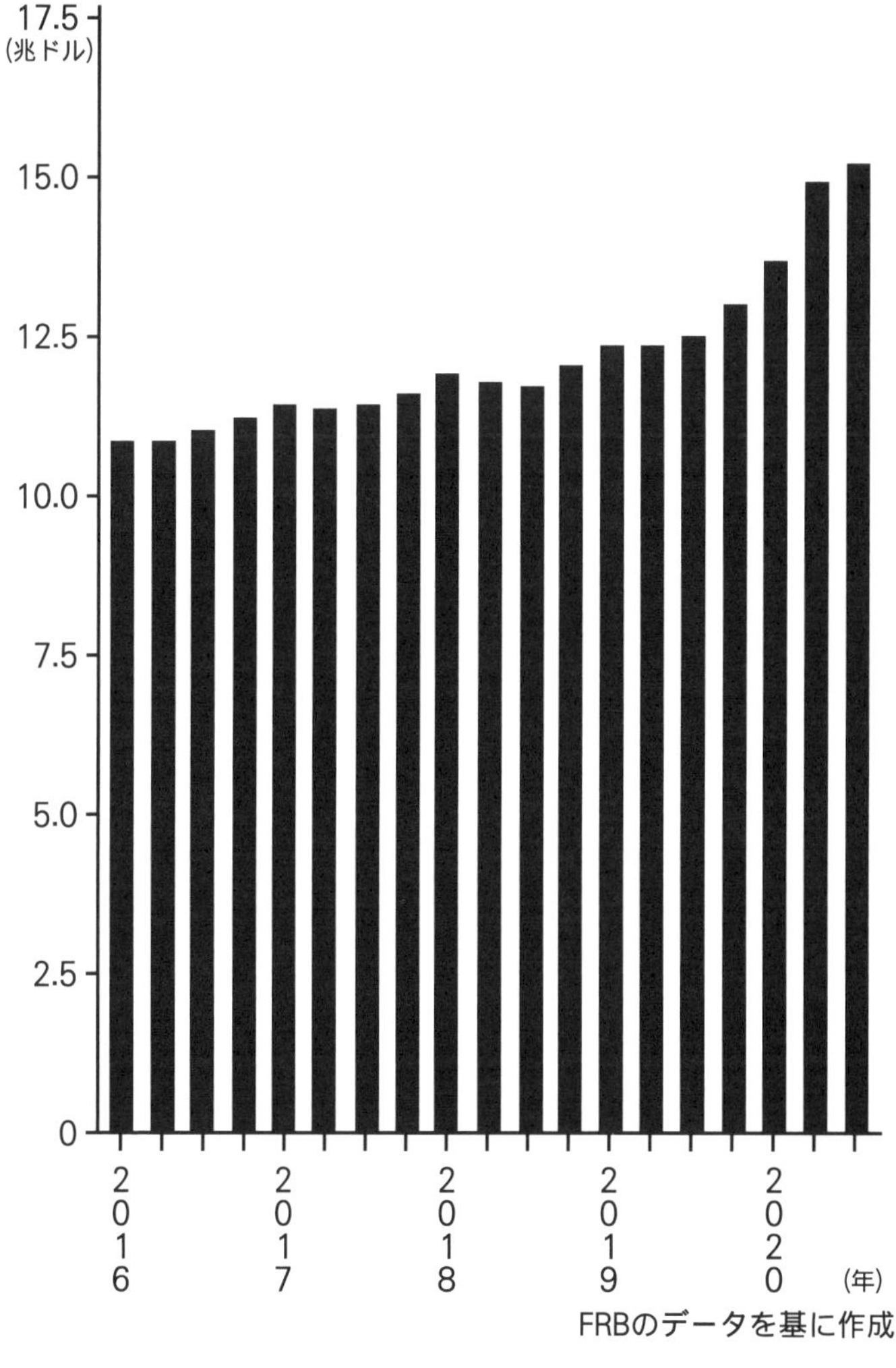

FRBのデータを基に作成

人たちの使い道は、預金か投資くらいだ。

　こうした「使われていない給付金」が株式市場を下支えすると見られている。たとえば、アメリカの家計は年間で大体一・二兆ドル程度を貯蓄するが、二〇二〇年は貯蓄増加額が三兆ドルを超えた。アメリカでは二〇二〇年三月と一二月、そして二〇二一年三月の計三回にわたって多くの国民を対象とした直接給付が配られているが、ドイツ銀行のストラテジストによるとその三割以上が投資に回っていると見られる。社会活動の完全な再開にはまだ時間がかかることや昨今の投資ブームを加味すれば、この増加した貯蓄が引き続き株式市場を下支えする公算は高い。

　世界的に国境が再開し、以前のような日常生活が戻るのは、早くとも二〇二二～二三年頃になると思われるが、その頃になるといよいよインフレが意識されるようになるだろう。貯蓄に回っていた給付金に使い道ができることや、企業の設備投資が活発化することで、貨幣の流通スピードが速まると考えられるためだ。

CPI（消費者物価指数）の変化

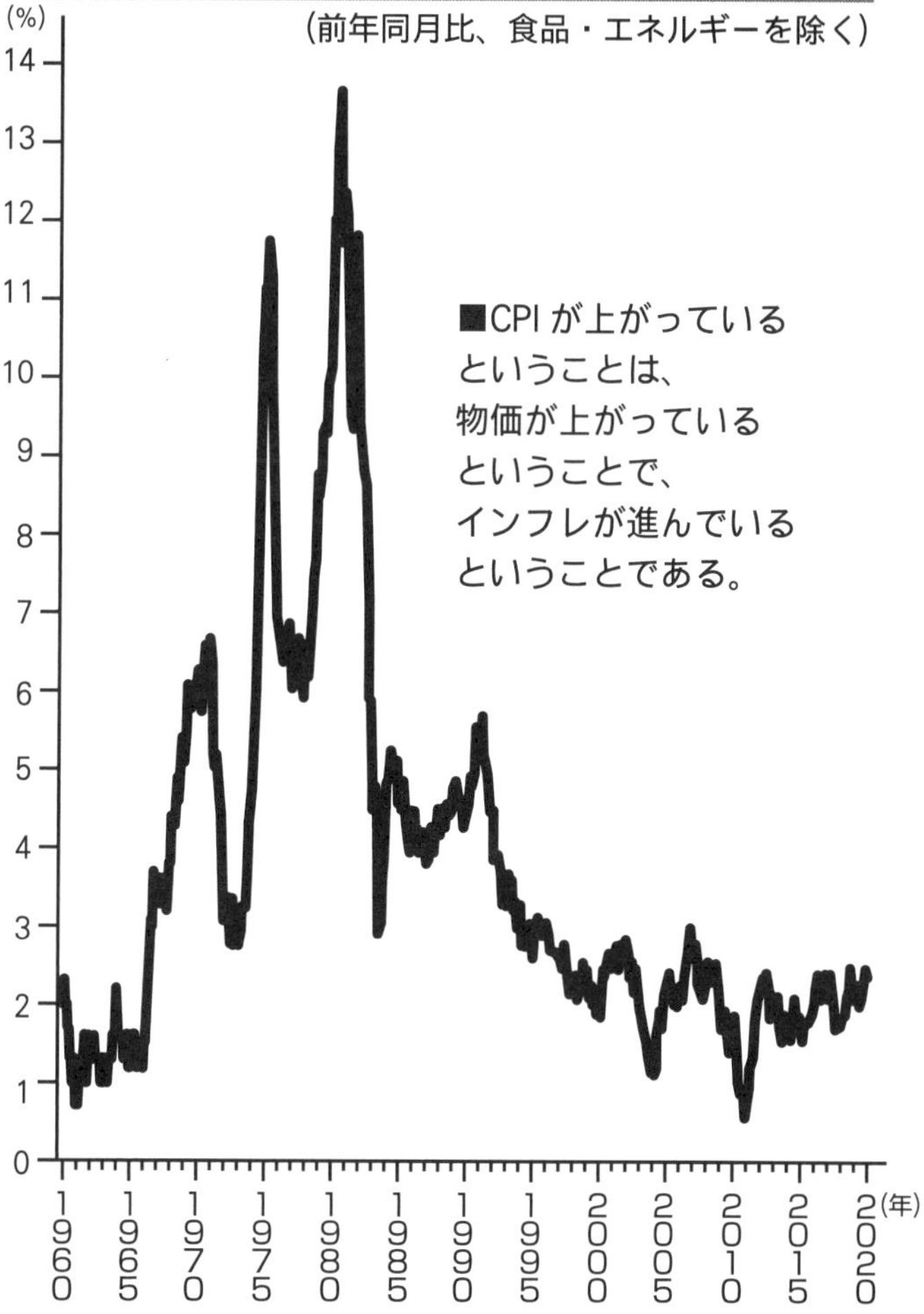

Labor Departmentのデータを基に作成

アメリカの元財務長官で現在ハーバード大学の教授を務めるローレンス・サマーズ氏は二〇二一年二月四日、ワシントンポストへの寄稿で、インフレの到来を警告している――「通常のリセッション（景気後退）のレベルを超え、第二次世界大戦時のレベルに近い規模のマクロ経済対策は、過去一世代に経験することがなかったようなインフレ圧力を引き起こす可能性がある」（ブルームバーグ二〇二一年二月八日付）。

「インフレは死んだ」と言われて久しいが、歴史を振り返るとM２が急増すると数年の時間差でインフレが起こっていることがしばしばだ。世界には依然として構造的なデフレ圧力が横たわっているが、一九六〇～七〇年代にかけても現在のようなデフレ状態がインフレに変わっている。

過去一〇〇年間で四回あったとされる「コモディティ（商品）のスーパーサイクル」が訪れるという予想も少なくない。ＪＰモルガンのニューヨークリサーチ・チームは「これまでの約一二年間の下落の後、二〇二〇年をボトムに今後コモディティ価格の長期的な上昇トレンドが始まった可能性がある」（ロイター二〇二一年二月二五日付）と指摘している。

ところで、一口にインフレと言ってもそれが「良いインフレ」（経済成長による需要増に起因したインフレ）なのか「悪いインフレ」（供給不足や通貨価値の減退によるインフレ）なのかが重要なのだと論じられることが多い。しかし、これから訪れるであろうインフレが「良い」か「悪い」かは大して重要ではない。最も重要な点は、果たして世界の中央銀行がインフレに対応できるかどうかということだ。

どういうことかというと、世界全体で債務残高が積もりに積もっているため、少しの利上げでも甚大な影響が出ることが予想される。インフレを退治するには利上げが最も有効だとされるが、中央銀行が債務を気にして利上げができないようであればインフレが高進してしまう可能性が高い。

国際金融協会（ＩＩＦ）がまとめたリポートによると、二〇二〇年の世界の債務は、新型コロナウイルスの影響で二四兆ドル増加し、過去最大の二八一兆ドルとなった。世界の国内総生産（ＧＤＰ）に対する債務の割合は、前年比三五％増の三五五％となっている。

こうした状況でインフレが起きた際に中央銀行が利上げを実行できるかは甚だ疑問だ。とりわけ日本は主要国中で最も債務残高が多い。ＩＩＦによると、日本の二〇二〇年一～三月期の総債務残高は二八兆二〇〇〇億ドルと、対ＧＤＰ比五六二％超にのぼる。コロナ禍でこの数字はさらに膨らんでおり、仮にこうした状況で金利が上昇すれば、それはまさに大惨事だ。

日銀が保有している莫大な量の日本国債に損失が発生して同行は債務超過に陥る。こうなると、日本円の信認低下が避けられない。日本円の信認が低下する中で、購買力を維持するにはやはり株や外貨などを持つ必要がある。

日本人に過酷な「Ｋ字」の試練、「持てる者」の仲間入りを！

コロナ後の世界を占う上で、インフレと共に重要視されているのが「Ｋ字」だ。「今後の世界経済は、格差の拡大を伴った緩慢な景気回復に終始する」とい

世界の債務は2020年に新たな高水準に達する

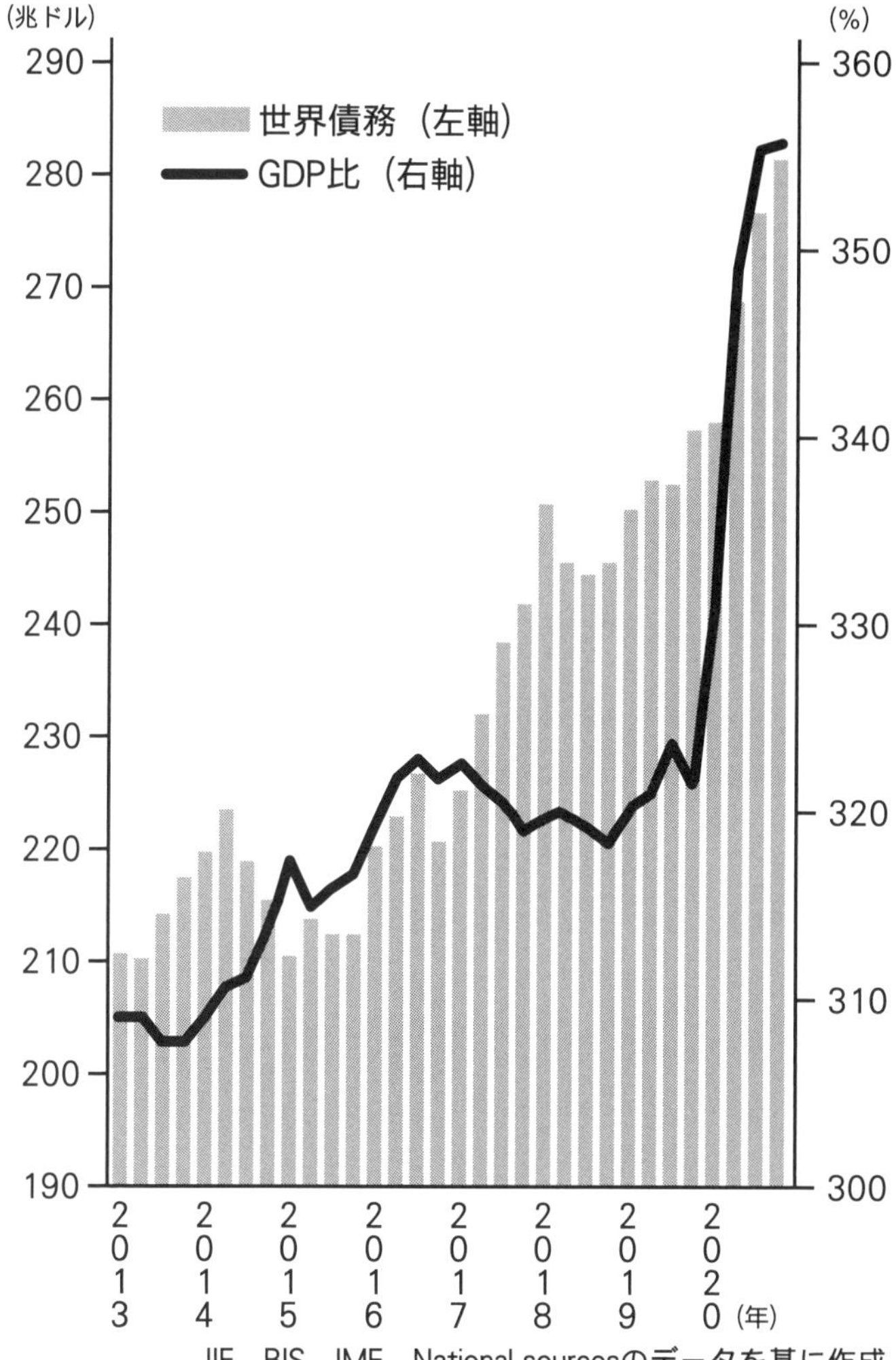

IIF、BIS、IMF、National sourcesのデータを基に作成

う意味で使われる。すでに世界中で格差は深刻なほど広がっているが、今後は先進国と新興国を問わず「勝ち組」と「負け組」の差がより鮮明になることは間違いない。

格差が騒がれるようになったのは、二〇〇八年のリーマン・ショック以降だ。「実体経済の緩慢な回復／資産価格の上昇」といったトレンドが鮮明となり、リスク資産を「持てる者」と「持たざる者」の差が広がっている。コロナショック後の資産高もこうしたトレンドを助長しており、格差が収縮に向かう気配はない。

「一億総中流」と呼ばれたのは今や昔の話で、ここ日本でも格差拡大が進行している。厚生労働省の国民生活基礎調査（二〇一九年）によると、いわゆる貧困層に当たる人々の割合は人口の一五・四％で約一九〇〇万人。およそ七人に一人が貧困に苦しんでいる。

また同省によると、二〇二〇年（通年）の実質賃金・現金給与総額は二年連続のマイナスとなった。日本社会がコロナ禍を脱却しても、人口動態など構造的な問題を勘案すれば日本人の給与が大幅に上がって行くとは思えない。

現役世代の可処分所得がじりじり低下して行く中で、インフレが起こればどうなることか。それは、〝スタグフレーション〟（不況下のインフレ）という悲惨な状況で、中間層の没落は決定的となる。

収入がなかなか増えない私たち日本人にとって、インフレの到来は極めて過酷な試練となるに違いない。この際、〝きれい事〟はなしだ。率直に言って、なんとしてでも「持てる者」の仲間入りを果たさなくてはならない。過度に不安をあおるつもりは毛頭ないが、これからは何らかの投資ノウハウを持たない人にとっては、極めて難しい世の中になると考えられる。

古き良き時代は終わり、決して戻ってこない。私は上述の理由から、この本を手に取ってくださった人すべてに株を選好するよう強くお勧めしたい。

第二章

日銀、ＦＲＢはどれだけお金をバラ撒いたか

地球を動かしているのは、思想ではなく経済だ

（坂本龍馬）

未曽有のコロナ危機

新型コロナウイルスの感染拡大により、多くの経済活動が制限され世界経済は深刻なダメージを受けた。大部分の国・地域でGDPは、大幅な減少を強いられた。二〇二一年一月、IMF（国際通貨基金）は二〇二〇年の世界経済の成長率をマイナス（以下▲で表記）三・五％と推計した。この数値は平時としては大恐慌以来、最低だ。「一〇〇年に一度の危機」と言われたあのリーマン・ショックによりGDPが大きく落ち込んだ二〇〇九年でさえ、世界経済成長率は▲〇・一％（ほぼプラスマイナスゼロ）であった。

五七ページの図を見れば、世界経済の成長率はプラス圏にあるのが当たり前で、二〇〇九年のような成長率ゼロさえもほとんどあり得ないことがわかる。そこからすると、▲三・五％という世界成長率は考えられないほど異常なものであった。

しかも、本来であれば二〇二〇年の世界成長率は▲三・五%をもはるかに下回っていたはずだ。世界の多くの国が、この未曽有の危機に対応するためになりふり構わぬ壮大なバラ撒きを行なったので、その分だけ成長率はかさ上げされているのだ。「『壮大なバラ撒き』とは少々オーバーな表現なのでは?」と思われたかもしれない。というのも、本当に「壮大なバラ撒き」をしたのなら、もう少しマシな成長率になったのではないかと。

だが、「壮大なバラ撒き」は確かに行なわれたし、それは今なお続いている。その規模は、リーマン・ショック時のバラ撒きの比ではない。それでも、これほどひどいマイナス成長になることが、コロナ危機の深刻さを物語っている。

壮大なバラ撒き――量的緩和

コロナ禍で傷んだ経済を支えるため、各国の中央銀行は迅速に動き、極めて積極的な金融緩和を行なった。株式市場が暴落した二〇二〇年三月には、米F

世界経済成長率の推移

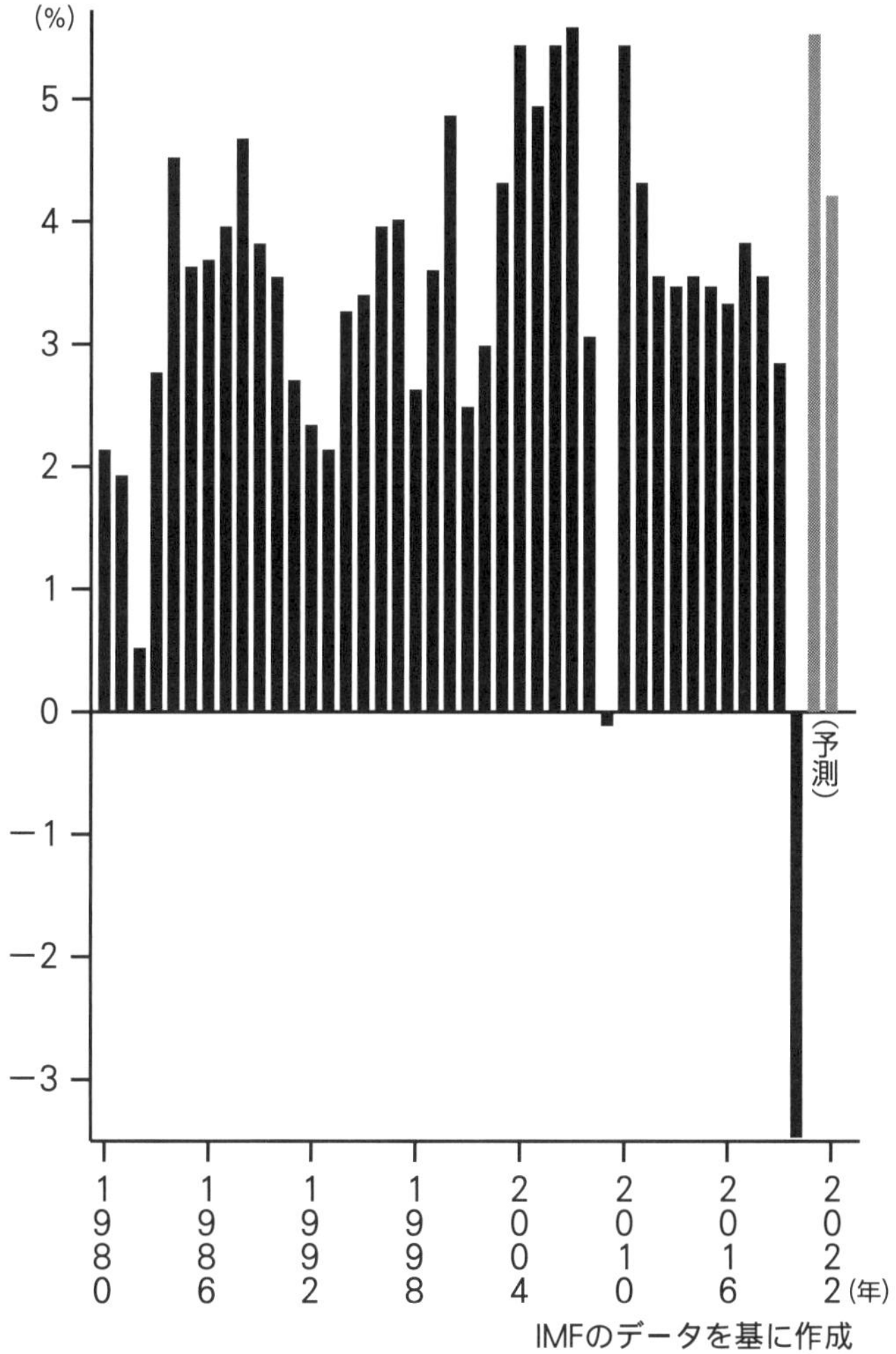

IMFのデータを基に作成

ＲＢ（連邦準備制度理事会）は量的緩和の再開とゼロ金利の復活を決めた。さらに、社債やコマーシャルペーパーまで購入するという異例の資金供給策にまで踏み込んだ。各国中央銀行も追随した。ＥＣＢ（欧州中央銀行）は量的緩和策の拡大を決め、日銀も追加の金融緩和を緊急決定した。

新型コロナウイルスの感染拡大が一向に収束しない中、各国は高い水準の量的緩和の維持・拡大に動いた。各国の量的緩和策は長期におよぶ見通しだ。米ＦＲＢは米国債を月八〇〇億ドル、住宅ローン担保証券（ＭＢＳ）を月四〇〇億ドルのペースで購入している。買い入れ期間は当初は数ヵ月としていたが、二〇二〇年一二月のＦＯＭＣ（連邦公開市場委員会）では、「完全雇用と物価安定の達成が十分に近付くまで継続する」と宣言した。

ＥＣＢは、二〇二〇年三月に量的緩和策として導入した「パンデミック緊急購入プログラム」（ＰＥＰＰ）の拡充に動く。当初、資産購入枠は七五〇〇億ユーロで買い入れ期間は二〇二〇年末までとされていたが、同年一二月には資産購入枠は一兆八五〇〇億ユーロに増額され、買い入れ期間も二〇二二年三月末までに延長された。

日銀も、二〇二〇年一二月の金融政策決定会合で大規模な金融緩和策の維持に加え、企業の資金繰り支援策を二〇二一年九月まで延長することを決めた。

急拡大する中銀資産の危うさ

これらの量的緩和策に伴い、各国中央銀行の資産がすさまじい勢いで増加している。主要国の中央銀行の総資産は、二〇二〇年に一・四倍になったという推計もある。二〇二〇年末時点の日米欧各国中央銀行の総資産は、ＦＲＢが七・三兆ドル（約七五〇兆円・一ドル＝一〇三・七円で計算）、ＥＣＢが七兆ユーロ（約八八〇兆円・一ユーロ＝一二五・七円で計算）、日銀が七〇二兆円に達している。二〇一九年末からの増加率は、ＦＲＢが七七％増、ＥＣＢが四九％増、日銀が二三％増となっている。

特に、ＦＲＢの資産増加率は突出している。ＦＲＢの資産は、二〇二〇年の一年間で約三・二兆ドル増加した。ＦＲＢはリーマン・ショックの際も大規模な量的緩和を実施したが、当時の規模は二〇〇八年から六年かけて三・五兆ドル程度だ。金額自体はほぼ同程度だから、リーマン・ショック時に六年かけて拡大した量的緩和を今回のコロナ危機では、わずか一年というとてつもないスピードで実施したわけだ。

資産が増加するのは良いことのように思われるかもしれないが、中央銀行の資産についてはそうとは言えない。コロナ危機に対応するため、中央銀行は量的緩和を行ない資産を急激に増やしている。具体的には、国債などの資産を買うことで市中に資金を供給している。それらの資産を買うお金は、中央銀行自身が発行している。つまり国債などの「資産」が殖える一方で、お金（紙幣）という「負債」も増えているわけだ。

このような資産購入をやりすぎれば、資産価格の下落による財務の悪化や、紙幣の大量発行による通貨価値の下落（インフレ）を引き起こすリスクを高めてしまう。

最も厳しいのは「日銀」

日米欧いずれも中銀資産が急膨張しているわけだが、より厳しい状況なのはどの国・地域か？　総資産額で見ると、円換算で九〇〇兆円に迫る欧州が最も多い。一方、資産の増加率で見ると七七％増のＦＲＢが断トツだ。この二つのデータからはアメリカと欧州の状況が厳しく、相対的に日本の状況は幾分マシに思われるかもしれない。

しかし、実際は逆だ。最も厳しい状況にあるのは、日本だ。日本はアメリカ、ＥＵ圏と比べると、経済規模（ＧＤＰ）がはるかに小さい。同じ七、八〇〇兆円でもその重みはまったく異なる。総資産額を対ＧＤＰ比で見ると、ＦＲＢが四〇％弱、ＥＣＢが六〇％程度なのに対して、日銀は約一三〇％だ。日銀は、わが国の経済規模に照らすとＦＲＢやＥＣＢに比べ資産、すなわち負債が過大で、前述の財務悪化やインフレ誘発のリスクが高いということだ。

日銀はコロナ禍以前からすでに過剰な量的緩和を行なっており、米欧に比べ政策余地が乏しい。国債の大量買い入れに加え、主要国ではどの国も行なっていないETF買い入れにまで手を付けた。ETF買い入れ枠は年一二兆円に拡大し、日銀の保有するETFは簿価で三五兆円と一年で二五％も増加した。コロナショック後の株価の急回復により、時価では四五兆円を超えている。

今や日銀は、日本株の最大の保有者となっている。米欧に比べ一年間の日銀資産の増加率が小さいのは、すでに過大なリスクを抱えているためさらなるリスクを取る余力が少ないからとも言えるわけだ。

壮大なバラ撒き――財政支出

コロナ対策を名目とする壮大なバラ撒きは、中央銀行の緩和策に留まらない。各国政府による財政政策においても、巨額の財政支出が次々に繰り出されている。二〇二一年一月のIMFの発表によると、世界のコロナ対策の財政支出や

日米欧の中央銀行の対GDP比資産規模

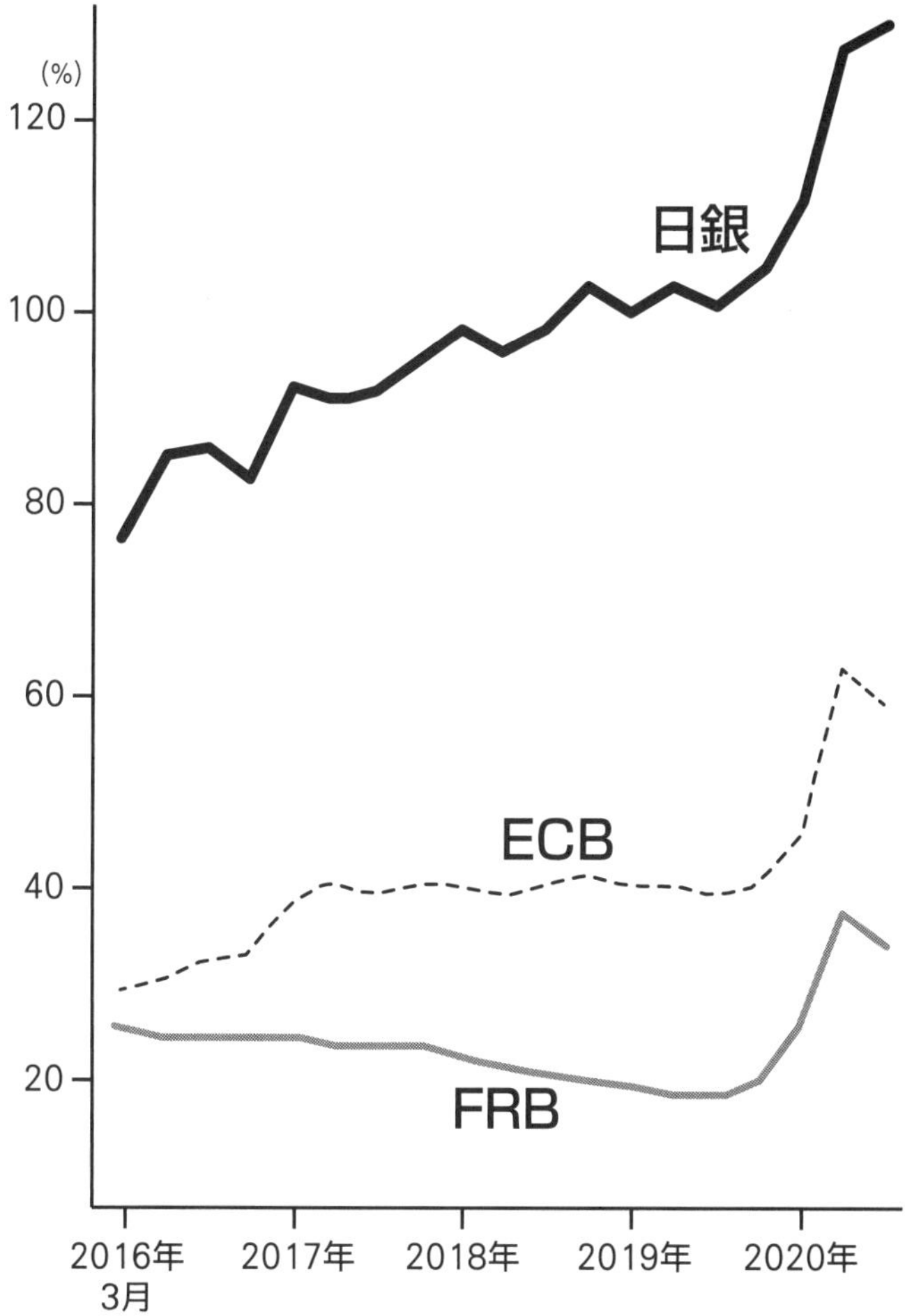

ＳＭＢＣ日興証券のデータを基に作成

金融支援は総額で一四兆ドルに達したという。

スイスUBSグループは、世界の主要三三ヵ国の二〇二〇年の財政支出総額についてGDP比で四・八%と推計している。リーマン・ショック時の二〇〇九年（GDP比一・六%）と比べると、実に三倍ものバラ撒きが行なわれたことになる。その結果財政赤字も拡大し、世界銀行の世界経済見通しによると、二〇二〇年の世界の財政赤字は歳入比で二五二%となる見込みだという。前年比で四三%の増加だ。世界の財政赤字は二〇二一年も増加を続け、歳入比二五六%と見込まれている。

財政支出の金額で群を抜くのは、やはりアメリカだ。二〇二〇年三月に八三億ドル規模の第一弾を皮切りに、次々に経済対策を発動してきた。同年一二月には第四弾の経済対策が議会で可決した。第四弾では家計や中小企業への対策を重視し、失業給付の特例加算や一人当たり最大六〇〇ドルの現金給付など家計に二八六〇億ドル、中小企業の雇用維持に三二五〇億ドルを充てる。その他、コロナ禍で深刻な打撃を受けた航空会社や鉄道会社への支援、ワクチン普及など医療体制の整備、家賃の支払い支援など総額で九〇〇〇億ドル規模に達する。

第一弾から第四弾までの合計で、四兆ドルという巨額の財政出動が実施される。これはアメリカのＧＤＰの約二〇％に相当する規模で、数％程度の世界平均と比べても突出している。アメリカは、リーマン・ショック時にも二〇〇八年から二〇〇九年にかけて合計で一・五兆ドル規模の財政出動を実施したが、今回のコロナ対策の規模はその比ではない。

しかも、アメリカの経済対策は四兆ドルに留まらない。二〇二一年一月には、次期大統領就任を控えたバイデン氏が一・九兆ドル規模の新たな経済対策案を発表した。対策案には追加の現金給付や、失業給付の特例加算の延長などが盛り込まれた。一人当たりの現金給付は二〇二〇年三月の一二〇〇ドル、同年一二月の六〇〇ドルに続き、今回の支給額は一四〇〇ドルとなっている。この経済対策が実現すると、アメリカの財政出動額は合計で六兆ドル弱、ＧＤＰ比で三割近くに膨らむ。

またバイデン氏は、この一・九兆ドルの対策について「失業者などへの第一弾の経済救済案にすぎない。インフラ投資などの経済再建策を改めて表明する」として、さらなる財政出動もいとわない姿勢を鮮明にしている。アメリカの財政支出の増加は、まだまだ終わりそうにない。

やはり、最もとんでもないのは日本

アメリカほどではないにせよ、他の主要国の財政出動規模も巨額だ。日本については、事業規模で二〇二〇年四月と五月にそれぞれ約一一七兆円、さらに一二月に約七三兆円の経済対策を打ち出した。合計で三〇七兆円（約二兆八一六五億ドル）もの事業規模だ。首相肝いりの脱炭素化やデジタル化の推進策を重点に置きつつ、医療支援、営業時間短縮に応じた飲食店への協力金、さらには「Ｇｏ Ｔｏ事業」に至るまで幅広い分野に配分される。

その他の国の財政出動規模は、ドイツがＥＶの購入促進など、気候変動やデジタル化を重視した対策を中心に一・五兆ドル、イギリスが〇・七兆ドル、中国が〇・九兆ドルとなっている（いずれも二〇二〇年一二月時点）。

　財政出動の金額ではアメリカの巨額さが目立つが、ＧＤＰ比で見るとやはり日本の財政支出の大きさが際立つ。事業規模三〇七兆円は、ＧＤＰの約六割に達する。ＧＤＰ比二割のアメリカに比べ、三倍に相当するバラ撒きを行なうわけで、財政にかかる負荷は日本が断トツで大きくなる。

　日本では、地方自治体も財政支出を増やしている。都道府県の二〇二一年度予算案の一般会計総額は五七兆四〇〇〇億円となり、前年度当初予算に比べ八％増加し、うち一九府県で過去最大の予算となった。最も増加幅が大きかったのは大阪府で、中小企業への低利融資の資金として六〇〇〇億円超を増額するなど、三三％増の三兆五〇〇〇億円超の予算を組んだ。コロナ対策関連費用は都道府県全体で六兆円にのぼり、財政を圧迫する。

　一方、税収は全都道府県で減少し、税収総額は前年度当初に比べ七％減る見通しだ。特に、多くの企業が集まる東京都は企業業績の悪化による法人関係税収の減少が響き、全都道府県で最大となる四〇〇〇億円の減収となった。

このような状況で財源を確保するには、借金を増やすか貯金を取り崩すしかない。都道府県債の発行総額は二五％増加し、七兆一〇〇〇億円となった。東京都も、前年度に比べて三倍近い六〇〇〇億円弱の都債を発行する。

貯金に相当する財政調整基金は、都道府県全体で四割減少し二〇二一年度末には七〇〇〇億円弱と見込まれる。財政調整基金は、税収増などで二〇一九年度末には一兆九〇〇〇億円近くまで増加したが、コロナ禍で四割以下に減少した。広島県や石川県などでは、二〇二一年度末には基金はほぼ底を突く見通しだという。

このように、金融政策、財政政策いずれの面においても日本が最も厳しい状況にあると言えるわけだ。

景気底割れは回避したが……

コロナ危機は、通常の景気後退や不況とはまったく次元の異なる経済危機だ。

主要国のコロナ対策財政出動規模

	財政出動規模	GDP比
アメリカ	4兆ドル	20%
日本	3.0兆ドル	61.2%
ドイツ	1.5兆ドル	39.1%
イギリス	0.7兆ドル	25.8%
中国	0.9兆ドル	5.9%

IMFのデータおよび各種報道を基に作成

多くの経済活動が停止を余儀なくされ、世界経済は想像を絶する落ち込みを経験した。当初は世界恐慌に陥り、世界経済は崩壊同然になると多くの人が不安視していた。感染拡大が世界的に本格化してから約一年が経過した今もなお、多くの人が経済的な苦境の中にある。

しかし世界経済全体で見ると、当初の落ち込みこそ深刻ではあったが、その後は多くの人の予想をはるかに上回る速さで世界経済は回復基調を強めて行った。たとえば、アメリカのGDPは二〇二〇年第2四半期（四~六月）には年率で前期比▲三一・四%と統計開始以来最大の落ち込みとなったが、第3四半期（七~九月）では一転、年率で前期比プラス三三・四%と統計開始以来、最大の伸びを記録した。感染の再拡大により、第4四半期（一〇~一二月）は年率で前期比プラス四・〇%と急減速となったが、それでも二〇二〇年六月時点の官民による第4四半期の予測が軒並み前年同期比▲六%を超えていたことを考えると、傷はかなり浅くなったと言える。

多くの人の予想を上回る経済の回復は、「エコノミック・サプライズ指数」にも表れている。同指数は、各経済指標と事前の市場予想との乖離幅を指数化したものだ。事前予想と比べて上振れが多ければプラス圏、下振れが多ければマイナス圏、おおむね予想通りならゼロ付近となる。

七三ページの図のエコノミック・サプライズ指数（アメリカ）の推移を見ると、二〇二〇年に大きく上昇しているのがわかる。アメリカでは同年六月以降発表された多くの経済指標が事前の市場予想を上回り、同指数は過去最高を記録した。歴史的なポジティブサプライズ（予想外の好結果）が発生したわけだ。

ポジティブサプライズは、アメリカだけでなく世界的に発生した。エコノミック・サプライズ指数は、中国を除くすべての国で過去最高を記録した。そもそも中国では他国に比べ感染の収束が早く、多くの経済指標で比較的良好な結果が予想されていたため、エコノミック・サプライズ指数が大きく上振れることはなかった。つまり、中国についてはおおむね想定範囲内の景気の改善だったということだ。

信じがたいことに、企業の倒産も驚くほど減少した。二〇二〇年上半期の主要国の倒産件数は、前年同期に比べてほとんどの国で減少しているのだ。経営環境が極めて厳しくなったにも関わらず倒産件数が減少したのは、各国の政府や中央銀行による政策の賜物だ。直接的な補助金や法人税の一時的な免除など政府からの支援、ＦＲＢによる緊急融資プログラム、日銀による企業への資金繰り支援といった中央銀行からの支援など、各国の政策が多くの企業を支えた。

また、多くの国で破産申請の一時的な停止、破産通知に必要な債務の基準値の引き上げなどの倒産防止措置が導入された。各国によるこれらの破産制度の変更も、企業倒産の増加を抑制した。

わが国においても、全体として企業倒産は減少した。東京商工リサーチによると、二〇二〇年の全国企業倒産件数（負債額一〇〇〇万円以上）は七七七三件で前年比七・二％減となった。年間倒産件数が八〇〇〇件を下回ったのは、三〇年ぶりという。負債総額は、前年比一四・二％減の一兆二二〇〇億四六〇〇万円であった。倒産件数、負債総額共に過去五〇年間で四番目の低水準となった。政府や自治体による各種支援策が支えとなったわけだが、その一方で

エコノミック・サプライズ指数（アメリカ）

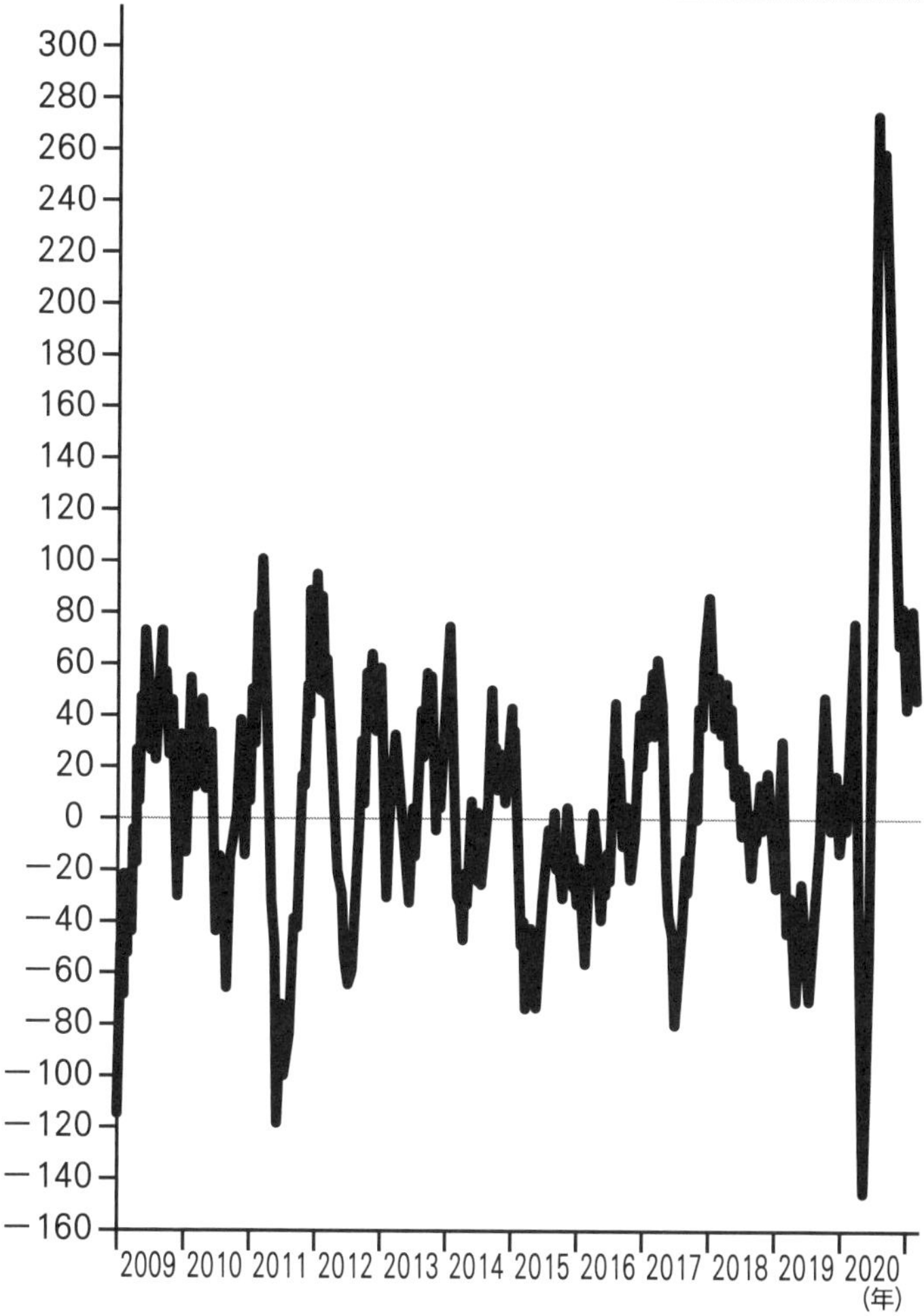

シティ・グループのデータを基に作成

財務基盤が脆弱な中小零細企業の倒産は増加している。集計対象外の負債額一〇〇〇万円未満の小規模倒産は、二割強増加し六三〇件となった。

失業者も、全体として抑制されている。わが国の完全失業率は、感染拡大で景気が急激に落ち込む前の二〇二〇年一月の二・四％からは悪化したが、同年一二月でも二・九％に留まる。欧州についても失業率は上昇している国が多いが、上昇ペースは比較的抑えられている。

相対的には、アメリカの失業率悪化が目立つ。アメリカの完全失業率は、二〇二〇年一月の三・五％から同年一二月には六・七％に悪化した。それでも、同年四月に記録した一四・八％をピークに減少傾向で推移している。

コロナ禍の失業率の推移は、リーマン・ショック時との比較が興味深い。七七ページの図は独立行政法人労働政策研究・研修機構のホームページに掲載されている、リーマン・ショック時とコロナショック時の失業率の推移を比較したものだ。リーマン・ショック時を見ると、失業率は二〇〇九年の第３四半期辺りまで全体的に上昇基調で推移しているのが見てとれる。金融危機が、徐々

企業倒産の推移

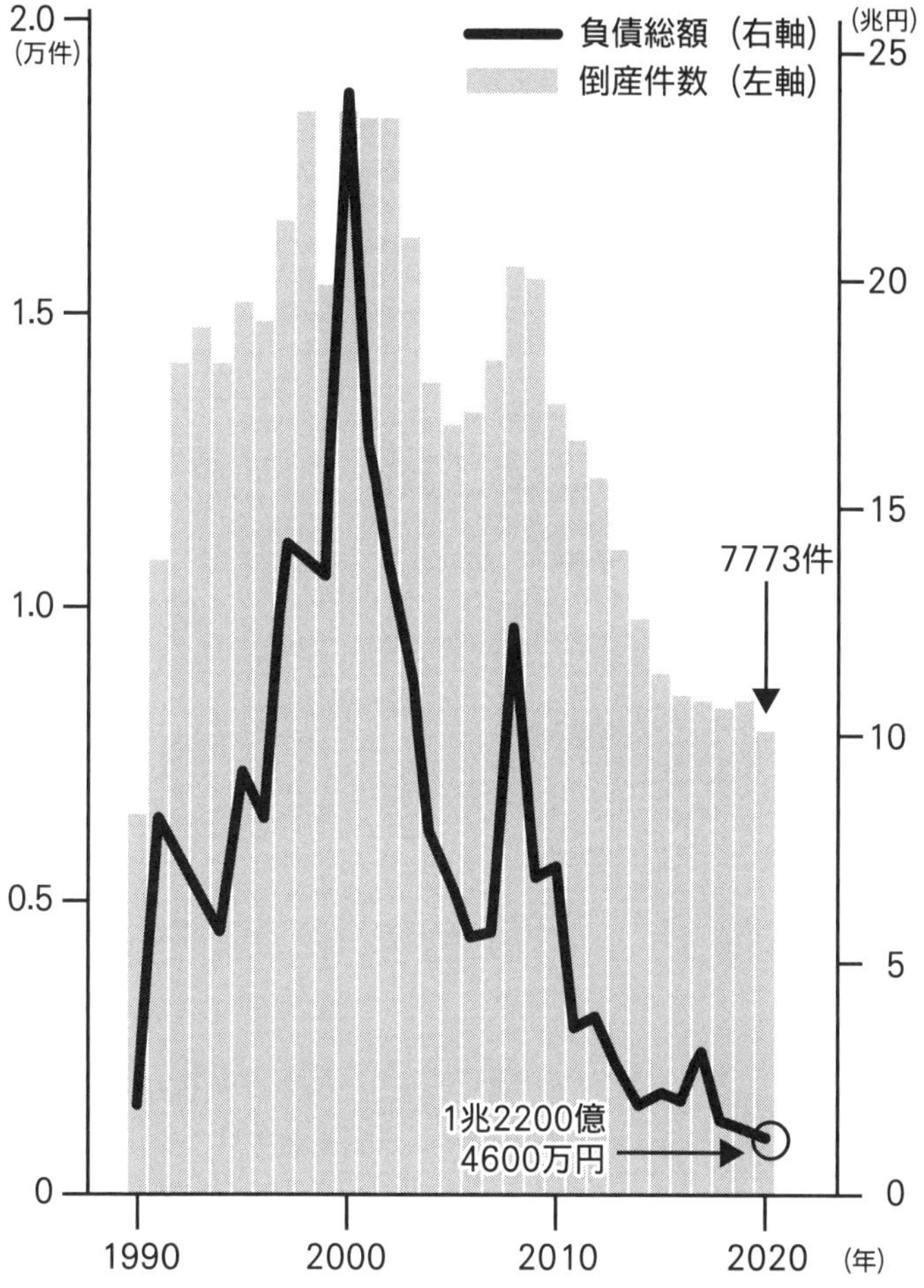

東京商工リサーチのデータを基に作成

感染拡大前後の各国完全失業率

	2020年1月	最新（2020年）
日本	2.4%	2.9%（12月）
アメリカ	3.5%	6.7%（12月）
イギリス	4.0%	5.0%（10月）
ドイツ	3.4%	4.5%（11月）
フランス	7.7%	8.8%（11月）
イタリア	9.6%	8.9%（11月）
スペイン	13.5%	16.4%（11月）
韓国	4.0%	4.6%（12月）

独立行政法人労働政策研究・研修機構のデータを基に作成

リーマン・ショック時とコロナショック時の完全失業率の比較

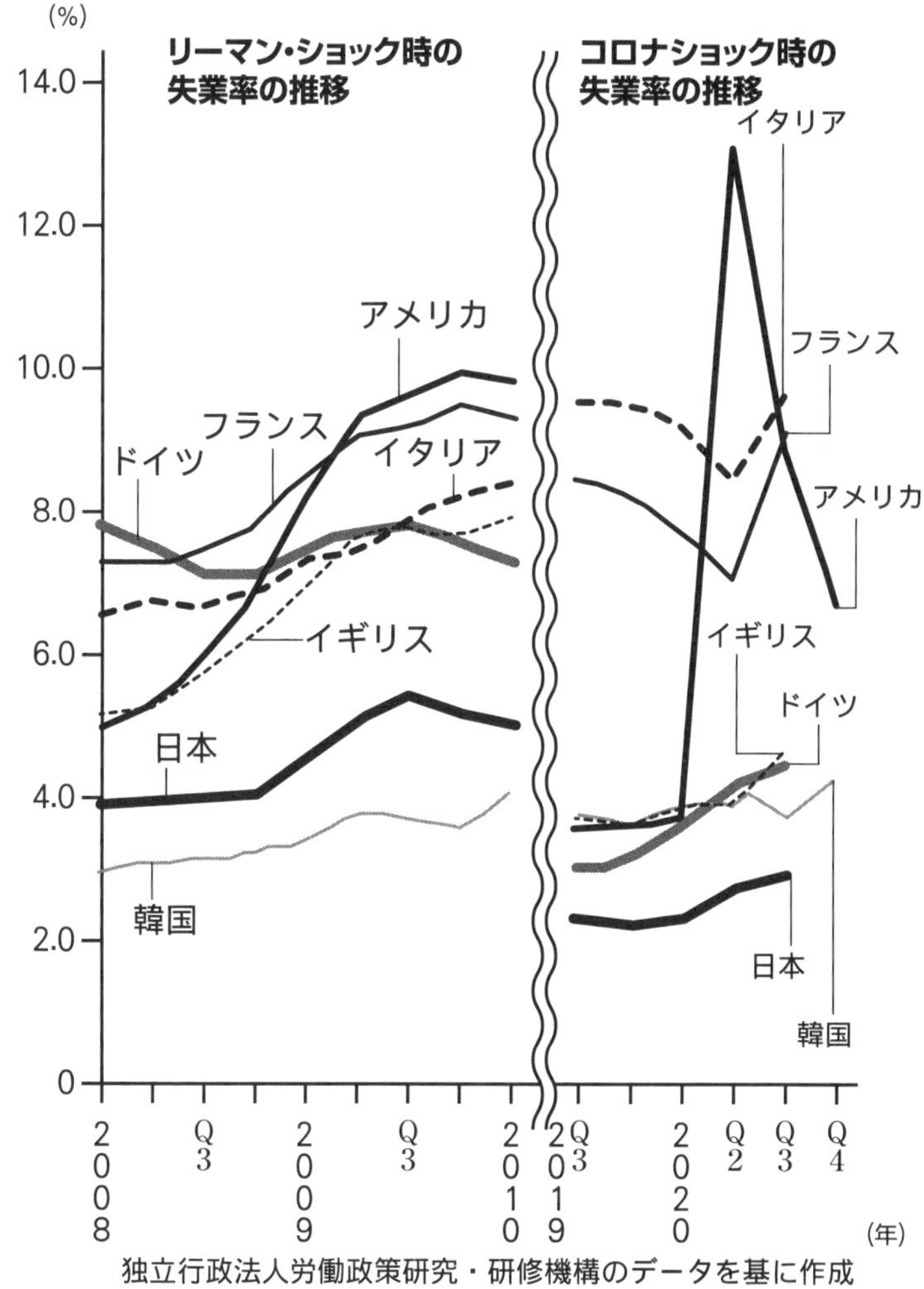

独立行政法人労働政策研究・研修機構のデータを基に作成

に実体経済へと波及した状況を反映していると言えよう。

一方、コロナショック時の方は、リーマン・ショック時とは推移がまったく異なるし、国によっても大きく異なるのがわかる。特にイタリア、フランスといった欧州の国とアメリカとでは、正反対の動きさえも見られる。感染の波及、拡大につれ、ロックダウンなどで経済活動が制限され失業率が上昇。その後、政府による経済対策や感染の落ち着きにより失業率が減少。さらに、感染第二波により再び失業率が上昇。基本的にこのような動きになりがちで、リーマン・ショック時に比べると失業率の変動がかなり大きくなっている。

それはさておき、いずれの国においても政府や中央銀行による強力な支援が失業率の継続的な上昇を防いでいるのは間違いない。

壮大なバラ撒きの代償

各国中央銀行による量的緩和と各国政府による巨額の財政支出は、世界景気の底割れをなんとか防いできた。これらの対策がなければ世界経済は瀕死の状態に陥っていたはずで、どれだけ身の丈を超えた対策が実施されてもそれに対する批判の声はほとんど聞かれない。

しかし、この壮大なバラ撒きの代償はあまりにも大きい。量的緩和による中央銀行の資産膨張に加え、巨額の財政支出は各国の財政を極度に悪化させた。IMFによると、二〇二〇年の世界全体の財政赤字はGDP比で一一・八%になった。当然、リーマン・ショック時よりも財政悪化はひどい。リーマン・ショック翌年の二〇〇九年の世界の財政赤字は七・三%であった。二〇二一年には八・五%に低下すると見込まれるが、それでも二〇〇九年を上回る状態が続く。

財政赤字の拡大を受け、政府債務残高も膨張が続く。すでに世界全体では、GDPとほぼ同水準の政府債務を抱える。特に、先進国の政府債務の増加ペースが速い。二〇一九年にGDP比一〇四・八%だった先進国の政府債務残高は、二〇二〇年には一二二・七%と急拡大した。二〇二一年には、前述の通り財政赤字は若干縮小するにも関わらず、政府債務残高は一二四・九%とさらに膨張する見込みだ。第二次世界大戦直後一九四六年の一二四・一％を上回り、七五年ぶりの「記録更新」となる。

トランプ政権下、二〇二〇年に合計四兆ドルの経済対策を打ち出したアメリカの財政も大幅に悪化した。二〇二〇年度の財政赤字は、三兆一三二〇億ドルとなった。これは、前年度の三・二倍の規模だ。さすがに二〇二一年度の財政赤字は多少は減るが、CBO（米議会予算局）の予測では二兆二五八〇億ドルと見込まれる。ただし、二〇二一年度の財政赤字はもう一段増えるのが確実だ。CBOの試算には、バイデン政権が打ち出した一・九兆ドルの経済対策は含まれていないためだ。

米連邦政府の債務残高も急膨張している。二〇一九年度の二三・三兆ドルから二〇二〇年度は二七・三兆ドルと一七％も増えた。二〇二一年度も二九・三兆ドルと過去最大を見込む。GDP比の債務残高も、二〇一九年度の一〇八・七％から二〇二〇年度は一三一・二％と大幅に悪化する。アメリカについても、第二次世界大戦直後一九四六年の一一九％というこれまでのワースト記録を大幅に塗り替えそうだ。

アメリカの債務膨張は、コロナ収束後も続くと見られる。バイデン大統領は一・九兆ドルの経済対策に加え、インフラ投資などに巨額の歳出増も計画する。超党派機関「責任ある連邦予算委員会」（ＣＲＦＢ）の試算によると、その規模は一〇年で一〇兆ドルに達するという。一〇年で四兆ドル規模の大増税も検討するものの、債務のさらなる膨張を避けるのは困難だ。二〇三一年度には、連邦政府の債務残高は四〇兆ドルまで膨張すると見込まれる。

高齢化に伴う社会保障費の増加が財政を圧迫する中、金利の動向によっては財政の持続可能性に黄色信号が灯る。ＣＢＯは、二〇二三年時点の長期金利を一・五％と予測している。その場合、利払い費は二〇二一年度の三〇三〇億ドルから二〇三一年度には七九九〇億ドルに増加する。ただし、本書を執筆している二〇二一年二月現在、アメリカの長期金利は急ピッチに上昇しており、すでに一・五％近辺に達している。長期金利が想定を上回るペースで上昇した場合、利払い費はさらに膨張し、アメリカの財政をますます圧迫することになる。

財政も、やはり最もどうしようもないのは日本

日本人としては誠に残念なことであるが、財政においてもやはり最も厳しい状況にあるのは日本である。ＩＭＦの推計によると、わが国のＧＤＰ比の財政赤字は、二〇一九年の三・三％から二〇二〇年には一四・二％に達する。財政収支はバブル崩壊以降三〇年近く一貫して赤字が続くが、二〇二〇年の赤字は最悪の数値だ。

ＩＭＦのデータによると、わが国の政府債務残高（中央政府、地方政府、社会保障基金を合わせたもの）はリーマン・ショック直後の二〇〇九年にＧＤＰ比で二〇〇％に達し、二〇一九年には二三八％と推計される。この数値は世界最悪で、主要国の中では突出している。わが国は、このような巨額の債務を抱えた状態でコロナ危機に突入してしまった。

コロナ危機に対応するため、わが国においても財政の大盤振る舞いが行なわ

れ「破滅的」とも言える国家予算が組まれた。

近年、一〇〇兆円前後で推移してきた一般会計予算は、二〇二〇年度三次補正予算を含め一七五兆円台という空前の規模に達した。肝心の税収は、コロナ禍で五五兆円程度まで減少するため、財源はまったく足りない。不足分は国債発行つまり借金で賄うしかなく、新規国債発行額は一一二兆円に達した。新規国債発行額はここ数年は三〇兆円台で推移していたが、コロナ危機により一気に三倍を超える借金を新たに抱えることになった。そして、ＩＭＦの推計によれば二〇二〇年の政府債務残高は二六六％に達するという。

アメリカと同様、いや、それ以上にわが国の財政の持続可能性は金利に大きく左右される状況にあるのは間違いない。もしも金利が数％上がろうものなら、国家財政は巨額の金利負担に押し潰されることになる。つまり、国家破産だ。それを避けるため、日銀は量的緩和の名のもとで巨額の国債を買い入れることで金利の上昇を防ぎ、事実上の財政ファイナンスを続けている。つまり、政府の借金を（理屈上、紙幣をいくらでも発行できる）日銀が引き受けている状態だ。この均衡が保たれている限り、わが国の財政は延命が可能になる。

しかし、そう甘くはないことはこれまで国家破産の辛酸をなめてきた多くの国々の事例が証明している。紙幣の大量発行は、通貨価値の希薄化を招く。通貨価値の低下は、インフレとなって私たちの生活を苦しめる。日本に限らず今のところはコロナ禍の経済活動の抑制がインフレ圧力を抑え込んでいるが、コロナ収束後はインフレ圧力が予想以上に高まりかねない。旅行や外食など、これまで我慢を強いられてきた消費活動が一気に活発化する可能性が高いためだ。

インフレが加速すれば、政策金利を上げざるを得なくなり、政府、中央銀行はいよいよ追いつめられる。金利の上昇が財政をますます悪化させ、さらなるインフレ高進を招く。このような悪循環をもたらすトレンドの転換が、刻々と近付いていると考えておく方がよい。今こそ、インフレに備えるべき時だ。そして、株式への投資・保有こそがインフレヘッジの最も有効な手段なのである。

第三章　カギ足が教える日経平均上昇のナゾ

川上　明

個人投資家は取引しすぎる。
個人投資家たちは、自分はものごとをわかったつもりでいるが、
実際はそうではない。

（ダニエル・カーネマン）

第三章はチャート分析・カギ足研究家である川上明氏に、専門である「カギ足」から読み取る今の株高を分析していただく。川上明氏が使うカギ足について、初めてその手法を聞くという人にもわかるように、その説明と氏の運用哲学などにも触れながら解説していただこう。

日経平均七〇五四・九八円は歴史に残る数字

二〇〇九年三月一〇日に、日経平均は終値で七〇五四・九八円（ザラ場安値七〇二一・二八円）を記録した。これは、一九八九年一二月二九日に三万八九一五・八七円（ザラ場高値三万八九五七・四四円）の高値を記録したバブル崩壊後の最安値である。この七〇五四・九八という数字は、歴史に残る数字と考えている。つまり、日経平均はここを大底にして超長期上昇相場に入ったということを意味する。それは、超長期周期であることからの判断とカギ足の形、その両方から判断できる。

日経平均のカギ足は、二〇〇七年一一月五日（終値一万六二六八・九二円）に「売り転換」した。その後、リーマン・ショックを経て二〇〇八年一二月一〇日（終値八六六〇・二四円）に「買い転換」した。この「買い転換」後、二〇〇九年三月一〇日に安値を付けたが、その間「売り転換」には至らなかった。その後急反発して二〇〇九年三月二三日には八〇〇〇円台を回復し、現在に至っている。

カギ足において、大底圏での二番底を付けた形は、かなり高い確率で急騰サインの発動を意味する。今回、超長期周期とこれと合わせて七〇五四・九八円が大底だと確認できた。

カギ（鉤）足とは？

まず最初に、私の運用哲学を述べておこう。

①頭と尻尾はくれてやれ

日経平均歴史的大底でのカギ足

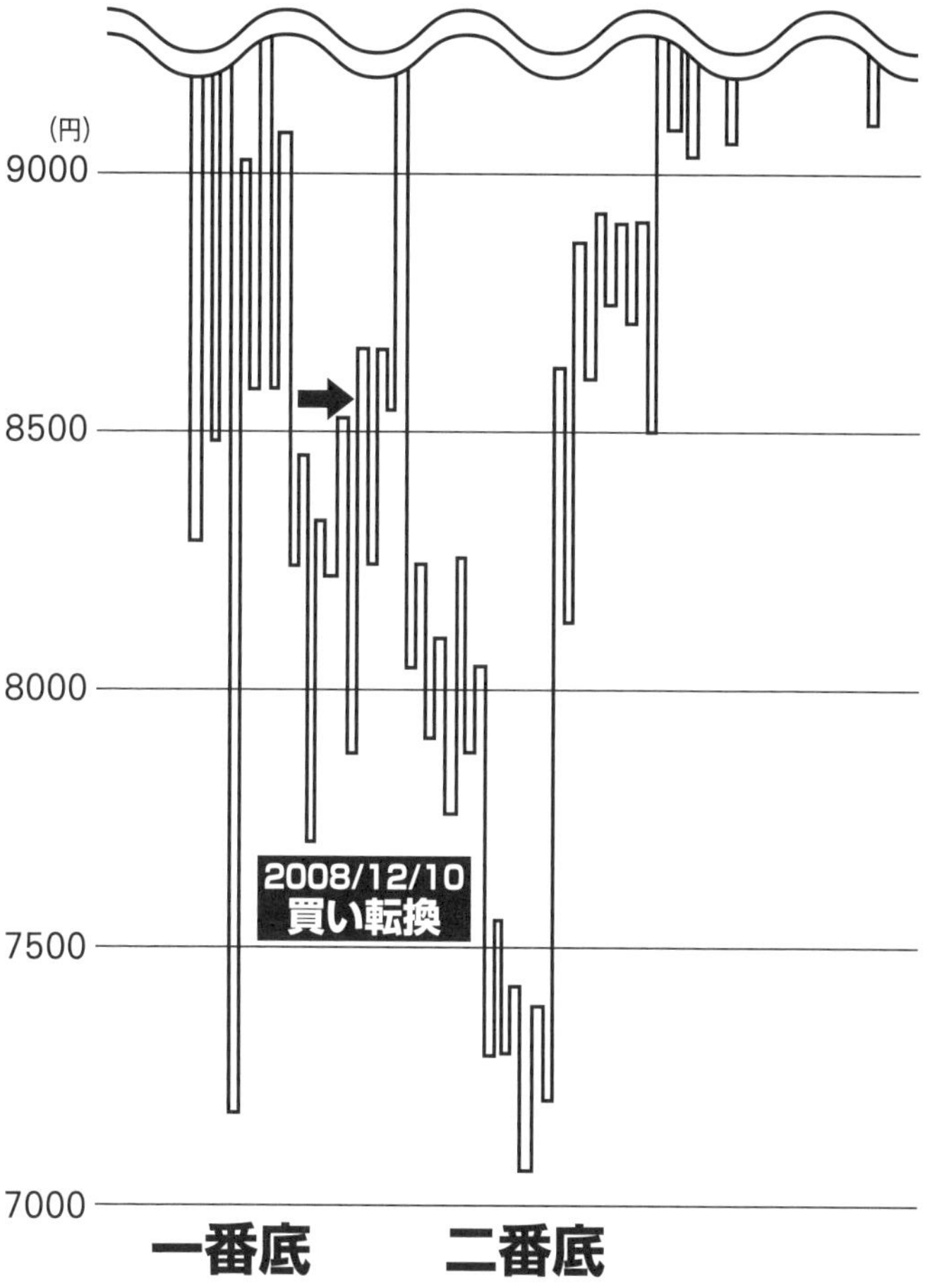

相場で勝ち続けるには、最安値で買って最高値で売る必要はない。そこまで欲張らず、相場の方向が確認されてから出動しても十分美味しいところは手に入れられるものである。むしろ、焦ってわずかな頭と尻尾を取りに行こうとすると、痛い目に遭う。

②皮を切らせて骨を切る

ロスカットを徹底してやらなければならない。つまり、含み損を抱えたらやみくもに〝投げろ〟という意味ではなく、自分の信じる判断から相場の流れが変わったと判断した時は、損失が出ようが出まいが敏速に行動しろという意味である。言い換えれば、〝損は小さく、儲けは大きく〟ということである。

③人間の思考回路は相場では勝てない。実践に裏付けられた確固たるツールを持つ

いつの時代の人であろうと、どこの国の人であろうと、人間の考えることに大差はない。基本的に〝人間の思考回路では、相場では勝てない〟。江戸時代の米相場の時代からいろいろな人が相場に参加しているが、ほとんどの人は相場で勝てていない。それは、相場で勝てる思考回路を持ち合わせていないからで

ある。

逆に、相場で勝てる思考回路を持っている人、あるいは、その「ツール」を持っている人であれば、相場の世界で生き続けられる。「ツール」に成り得るためには、以下の二点の条件を満たしていなければならない。

①客観的かつ一貫した判断を行なっている。

②過去においても期待する収益を得ている。

私の「カギ足」は、この条件を満たしている。カギ足と一言で言っても、線の引き方、読み方は人それぞれであり、世の中に自分と同じカギ足は二つとしてない。

ここで、一番目の「客観的かつ一貫した判断」の「客観的」とは、ルールを知れば誰でも同じ状況で同じ判断ができるということだ。別な言い方をすれば、一〇年前の自分だろうと一〇年後の自分であろうと、同じ状況ではまったく同じ判断をできなくてはならない。たとえば、ローソク足にトレンドラインを引く時、人によって違ったトレンドラインが引かれることがよくある。このようなツールは、「使えない」のだ。

次に「一貫した」とは、ルールを途中で変更してはいけないと言うことである。もしルールを変えてしまえば、まったく別のものになってしまう。

二番目の「過去においても期待する収益を得ている」とは、簡単に言えば実績である。もちろん、過去の実績が将来を保証するものではないが、少なくとも過去に実績のあるルールでないと安心して使うことはできない。

秘伝中の秘伝

カギ足は、〝秘伝中の秘伝〟と言われ詳細を教授することはできないが、できる範囲で簡単に説明をしておきたいと思う。
【歴史】：米相場の発祥から起こった罫線術として古来より伝えられている。ローソク足は世界的に有名だが、カギ足は限られた人だけに水面下で受け継がれてきた。

【書き方】：基準値から決められた値幅に達したら引線する。上昇は陽線。下落は陰線。陰陽が変わったら一列ずらして引線する。

【見方】：基本パターンは、買いサイン、売りサインそれぞれ数十通り。買い（売り）サインの出方により、買い（売り）転換が決まる。買い（売り）転換とは、実際に売買を行なうサインになる。

カギ足のポイント

【日本古来のチャート】

■書き方、見方は一般には知れ渡っていない

よく知られたテクニカル分析（罫線）で儲け続けることはできない。なぜならば、儲かるのであれば多くの人がそれを使い始め、必然的に儲かるチャンスがなくなってしまうからだ。極端な例を述べると、ある優秀なテクニカル指標が〝買い〟と判断した場合、それを知った全員が「買い注文」を出すが、売る

人がいないわけだから取引が成立しなくなる。〝人の行く裏に道あり花の山〟という有名な格言があるが、多くの人と同じことをしていたのでは儲けられない。
カギ足は、ローソク足と並び古くからある手法だが、詳細が書かれた市販本は皆無である。〝キャンドルチャート〟として世界的に有名になったローソク足とは対照的である。このように、極限られた人しか使っていないので儲かる確率が高いと言える。

【明確なパターン分けが可能】

■客観的かつ一貫した判断を得るには、明確なパターン分けが重要

カギ足は、一種のパターン分析である。カギ足のチャートは一筆書きで書かれて行き、非常にシンプルである。このシンプルなところがパターン分析に向いている。ローソク足は、一つひとつの足に「始値」「高値」「安値」「終値」の情報があり非常に優れているが、いろいろな形になるため大変複雑になり、パターン分けが困難になる。

【長大線（ちょうだいせん）】

■一般大衆が常に同じ投資行動におよぶ相場付がある

カギ足は、書かれた形のいくつかの点に注目するが、その一つが「長大線」である。「長大線」とは、九七ページの図のように大きな押し目を入れず一本調子に大きく上昇する局面と、逆に、大きな戻りを入れず一本調子に下げる局面である。このような局面では、「含み損」を抱え恐怖に支配された人と「含み益」を抱え欲望に支配された人が多くなる。

恐怖と欲望に支配された人は、現在の人であろうと江戸時代の人であろうと、アメリカ人であろうと日本人であろうと、同じような投資行動におよぶと考えられる。したがって、過去のあるいは海外のこういった局面の動きを研究することに意味があると考えられる。

【将来を予測しない】

■現在、上げ優勢か下げ優勢かを判断することが重要。

将来の予測に縛られることは非常に危険

どんなに科学技術が進歩しても、将来を一〇〇％当てることは不可能であろう。カギ足は、将来を予想しようとは考えていない。ただ、現在買いが優勢か売りが優勢かを判断するだけである。相場に勝つには、それで十分だと考えている。逆に、下手に将来を予測してしまうとその自分の予想にこだわり、間違いに気づいた時は手遅れになることもある。行動心理学における〝確証バイアス〟である。自分がそうだと決めると、それを裏付ける情報ばかりを集めて安心してしまい、客観的な判断ができなくなるのだ。

日経平均は超長期上昇中

前述の通り、カギ足は基本的には「将来を予測しない」ものだ。上げ優勢か、下げ優勢かを淡々と判断して行くだけである。その中でも、二〇〇八年一二月一〇日のようなかなりの確率で大底と判断でき、この先一〇年二〇年は上昇す

長大線の図

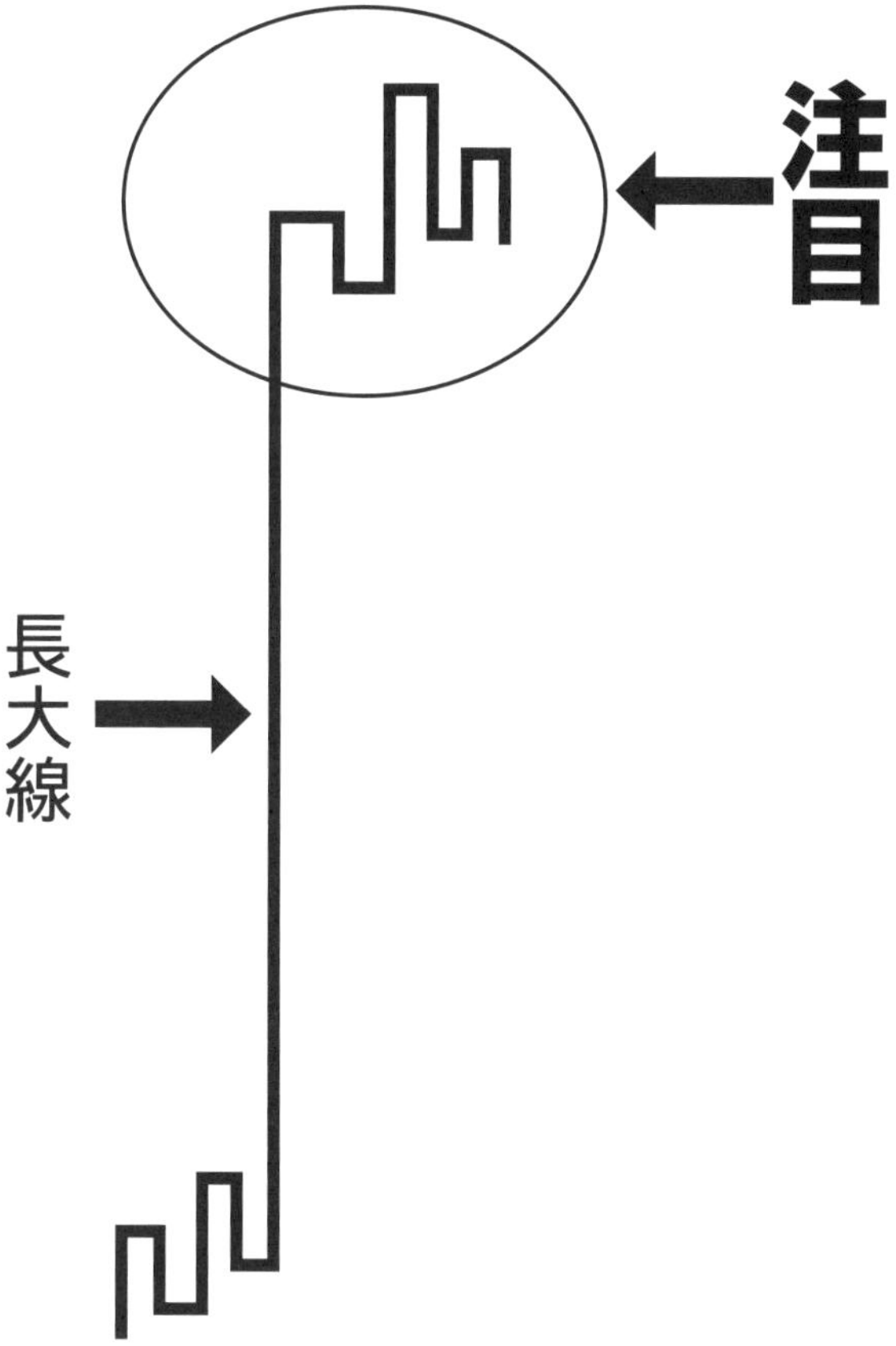

るだろうという形もあるが、さらに参考になるのが「相場の周期性」である。「循環」「サイクル」などとも言う。

景気循環の復習をしてみたい。九九ページの表は、代表的な景気循環の種類である。名前を聞いたことがある読者は多いことだろう。最も大きな周期が「コンドラチェフ循環」で約五〇年、最も小さいものが「キチン循環」で約四〇ヵ月のサイクルとされている。在庫・設備投資、建築物の需要、技術革新などがそれぞれの景気循環を生み出すとされ、当然株価にも影響をおよぼす。

そうした中、日経平均には六〇年周期が存在する。つまり、日経平均の最も大きな周期（超長期周期）は六〇年なのだ。実際の日経平均の超長期周期は、一〇〇～一〇一ページの図のようになっている。この図からも、六〇年周期であることが読み取れる。

したがって現在は、二〇〇九年からの超長期周期の中にあり、少なくても二〇四〇年までは上昇相場となる確率が高いと言える。

景気循環の種類

景気循環	キチンの波（キチン循環）	ジュグラーの波（ジュグラー循環）	クズネッツの波（クズネッツ循環）	コンドラチェフの波（コンドラチェフ循環）
周期	約40ヵ月	約10年	約20年	約50年
起因	在庫投資	設備投資	建築物の需要	技術革新
別称	在庫（投資）循環、小循環、短期波動	設備投資循環、主循環、中期波動	建築循環	大循環、長期波動
発見・解明者	キチン（生没年不詳）アメリカの経済学者	ジュグラー（1819-1905）フランスの経済学者	クズネッツ（1901-1985）アメリカの経済学者	コンドラチェフ（1892-1938）ソ連の経済学者

60年サイクルがある

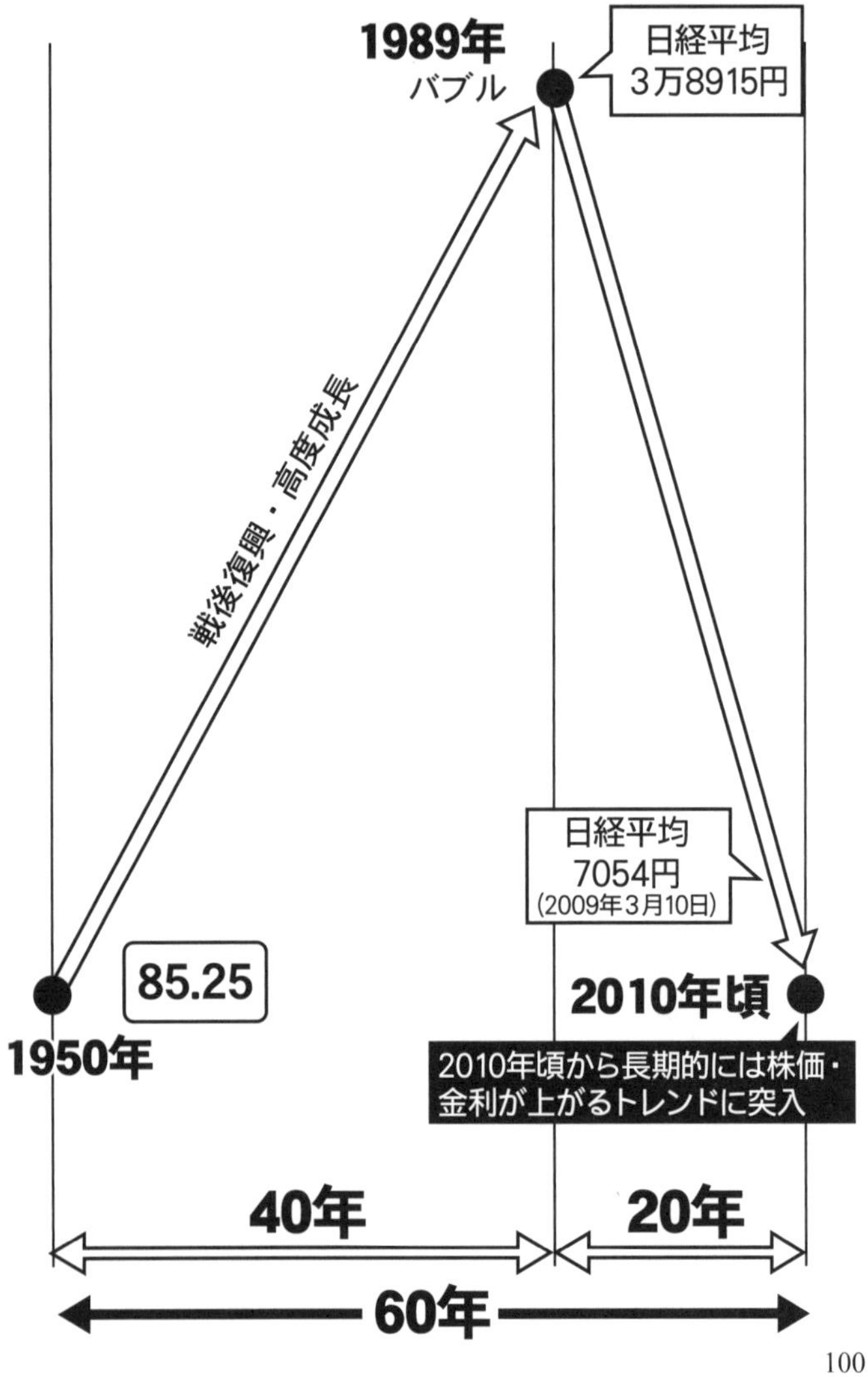
1989年
バブル
日経平均
3万8915円
戦後復興・高度成長
85.25
1950年
日経平均
7054円
(2009年3月10日)
2010年頃
2010年頃から長期的には株価・
金利が上がるトレンドに突入
40年
20年
60年

日経平均には

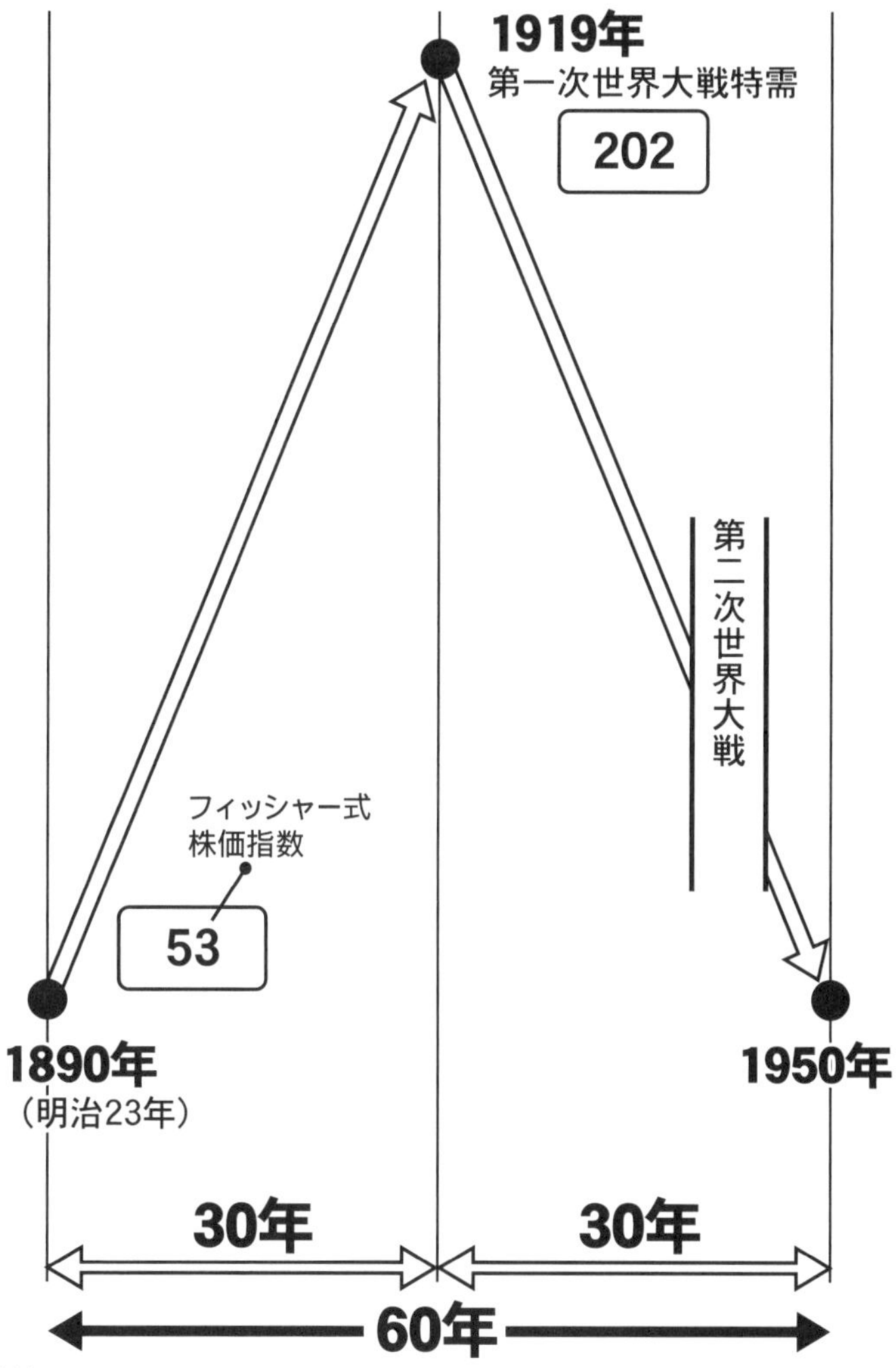
1919年
第一次世界大戦特需
202
第二次世界大戦
フィッシャー式
株価指数
53
1890年
（明治23年）
1950年
30年
30年
60年

相場にはリズム（周期）がある

株価は、上がり続けたりも下がり続けたりもしない。必ず、「上がったり下がったり」するものだ。結果的に、「波」のようにある周期をもって動くと考えられる。短い周期、長い周期が重なり合い、相場を形成して行く。大きな一つの波の中に中くらいの波がいくつかあり、中くらいの波の中に小さな波がいくつか入るというような形になる。

相場の周期についてはこれまで数々の研究がなされており、「エリオット波動理論」が有名だ。アメリカの会計士であったラルフ・ネルソン・エリオットは、一九三八年に「波動理論」を刊行し、「市場はランダムに動いているように見えるが、実際には『フィボナッチ数列』に基づく反復パターンに従う」と書いている。「フィボナッチ数列」とは、直前の二項の和になっている数列のことである。すなわち、一、一、二、三、五、八、一三、二一、三四、五五、八九…という数列のことである。花びらの枚数など、自然界に数多く存在している数字として知られている。

ただし、「波」の数え方は主観的な判断によって行なわれることが多い。つまり、人によって数え方が変わるのだ。これは、ツールになるための条件①の「客観的かつ一貫した判断を行なっている」に反する。したがって、これによって売買判断をすることはないが、相場の流れを見る上で大変参考になる。

ここで、波の周期の長さを定義しておきたい。

超長期周期：約六〇年
長期周期　：数年〜十数年
中期周期　：数年
短期周期　：数ヵ月〜数年
基本は三段上げ二段下げだが、もちろん四段上げ以上、一段、二段上げで終了の時もある。

日経平均は一〇万円へ

日経平均の、二〇〇九年三月一〇日に記録した七〇五四・九八円からの短期周期（リズム）は、以下の通りである。

最初の短期周期（リズム）は、三段上げ三段下げで完了した。これが中期周期の一周期目（中期上昇①調整①）になる。つまり二〇〇九年三月一〇日に七〇五四・九八円でスタートした中期周期一周期目は、二〇一六年六月二四日の一万四九五二・〇二円で完了したことになる。約七年と三ヵ月の長さとなった。この間の高値は、二〇一五年六月一四日の二万八六八・〇三円であった。

次の短期周期（リズム）は、三段上げ二段下げで完了。つまり二〇一六年六月二四日に一万四九五二・〇二円でスタートした中期周期二周期目（中期上昇②調整②）は、二〇二〇年三月一九日の一万六五五二・八三円で完了した。約三年と九ヵ月の長さとなった。この間の高値は、二〇一八年一〇月二〇日の二

基本は3段上げ2段下げ

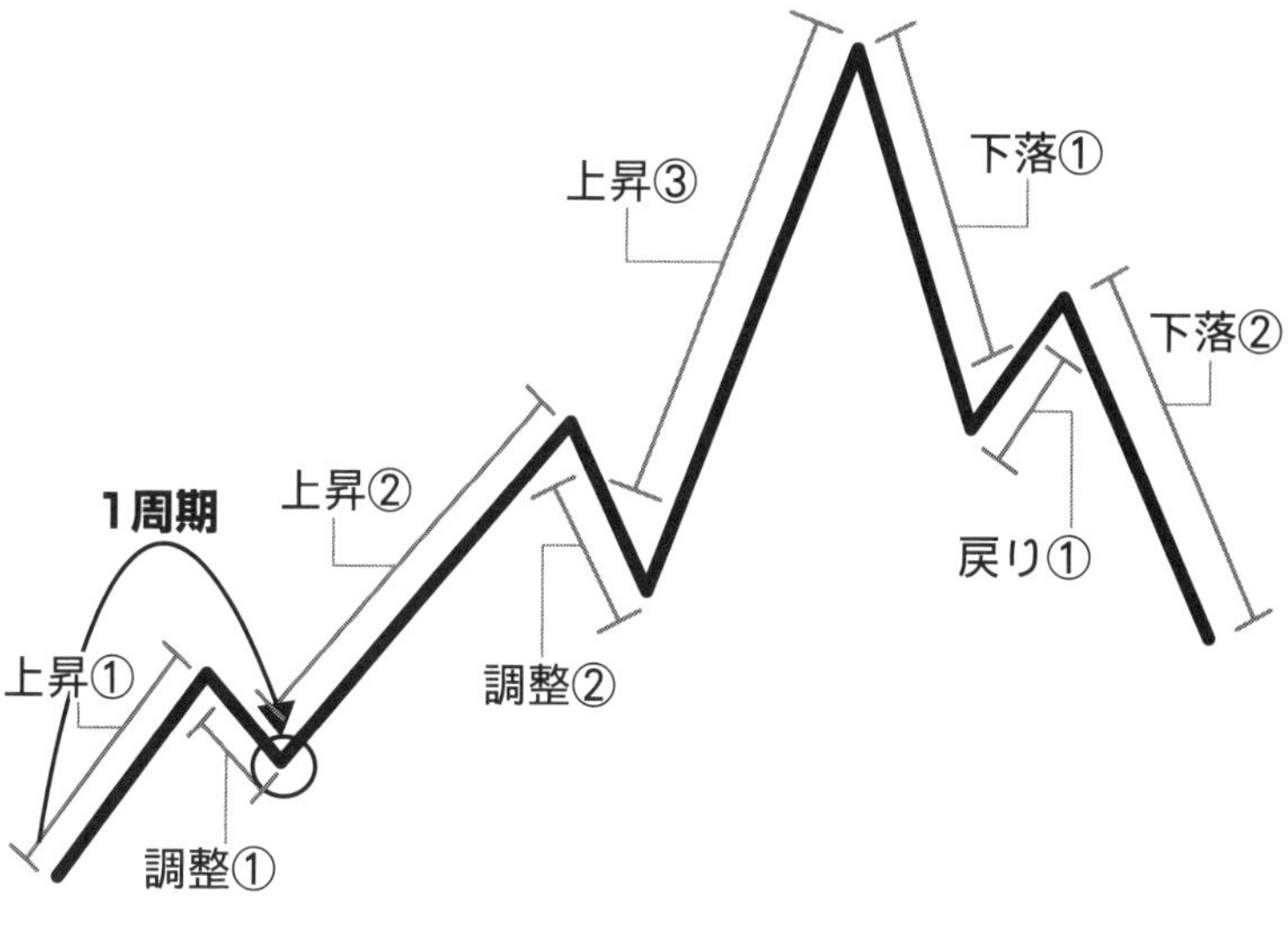

上昇：相場が上昇トレンドの中にある時の上昇波動
調整：相場が上昇トレンドの中にある時の下落波動
下落：相場が下降トレンドの中にある時の下落波動
戻り：相場が下降トレンドの中にある時の上昇波動

上昇 ▶ 調整または下落で1周期

短期周期と価格

中期周期起点 2009年3月10日　7,054.98円

上昇1 ↓ 期間:13ヵ月　値幅: 4,284.32円

2010年4月5日　11,339.30円

調整1 ↓ 期間:20ヵ月　値幅: 3,179.29円

2011年11月25日　8,160.01円

上昇2 ↓ 期間:25ヵ月　値幅: 8,131.30円

2013年12月30日　16,291.31円

調整2 ↓ 期間:4ヵ月　値幅: 2,381.15円

2014年4月14日　13,910.16円

上昇3 ↓ 期間:14ヵ月　値幅: 6,957.87円

2015年6月24日　20,868.03円

下落1 ↓ 期間:3ヵ月　値幅: 3,937.19円

2015年9月29日　16,930.84円

戻り1 ↓ 期間:2ヵ月　値幅: 3,081.56円

2015年12月1日　20,012.40円

下落2 ↓ 期間:2ヵ月　値幅: 5,059.79円

2016年2月12日　14,952.61円

戻り2 ↓ 期間:2ヵ月　値幅: 2,619.88円

2016年4月22日　17,572.49円

日経平均株価

下落3 ↓	期間:2ヵ月	値幅: 2,620.47円
中期周期起点	2016年6月24日	14,952.02円
上昇1 ↓	期間:9ヵ月	値幅: 4,681.73円
	2017年3月13日	19,633.75円
調整1 ↓	期間:1ヵ月	値幅: 1,298.12円
	2017年4月14日	18,335.63円
上昇2 ↓	期間:9ヵ月	値幅: 5,788.52円
	2018年1月23日	24,124.15円
調整2 ↓	期間:2ヵ月	値幅: 3,506.29円
	2018年3月23日	20,617.86円
上昇3 ↓	期間:7ヵ月	値幅: 3,652.76円
	2018年10月20日	24,270.62円
下落1 ↓	期間:2ヵ月	値幅: 5,114.88円
	2018年12月25日	19,155.74円
戻り1 ↓	期間:13ヵ月	値幅: 4,927.77円
	2020年1月20日	24,083.51円
下落2 ↓	期間:2ヵ月	値幅: 7,530.68円
中期周期起点	2020年3月19日	16,552.83円
上昇1 ↓		
	2021年3月現在	

チャート上の周期（月足）

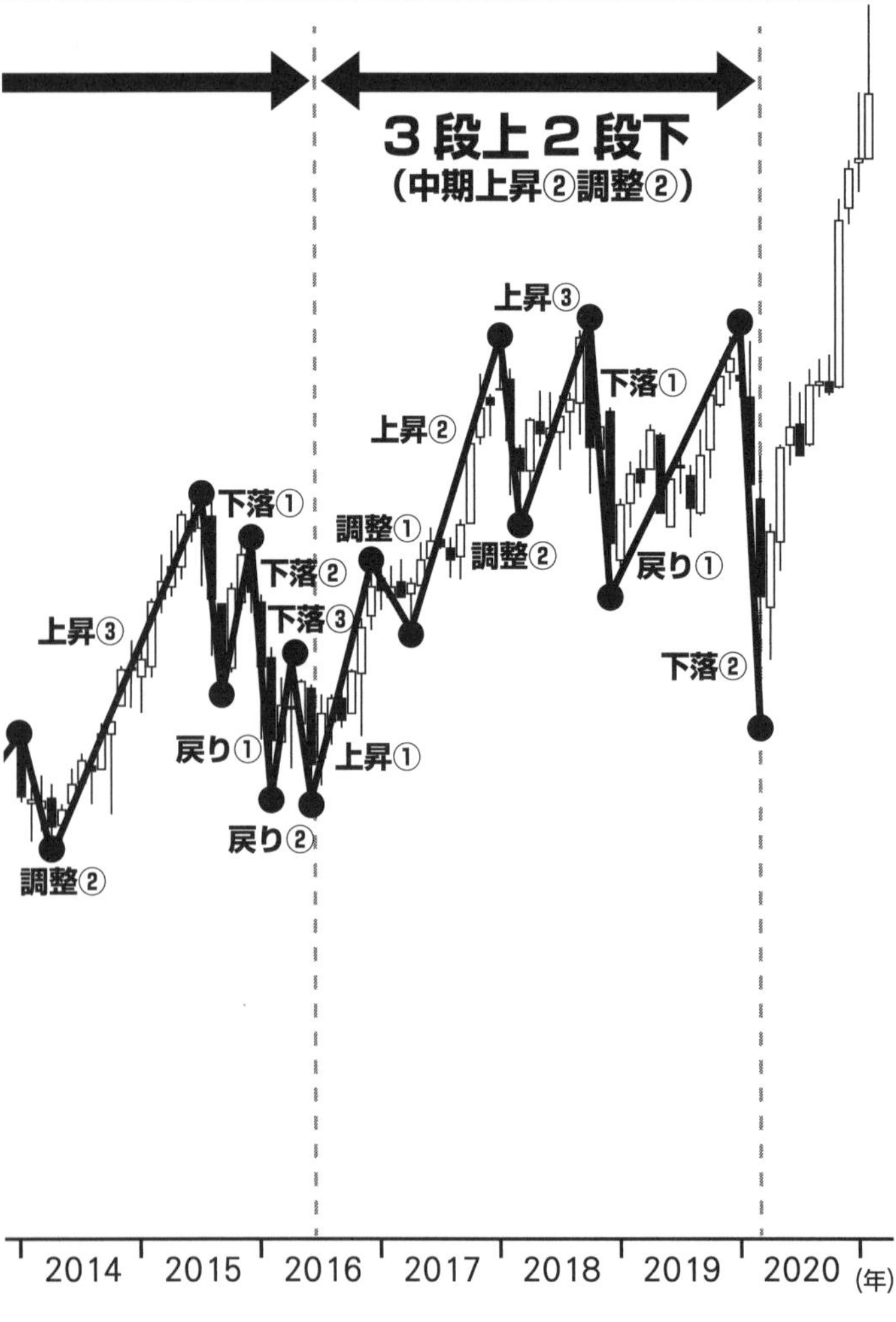
３段上２段下
（中期上昇②調整②）
調整②
上昇③
下落①
戻り①
下落②
下落③
戻り②
上昇①
調整①
調整②
上昇②
上昇③
下落①
戻り①
下落②
2014
2015
2016
2017
2018
2019
2020
(年)

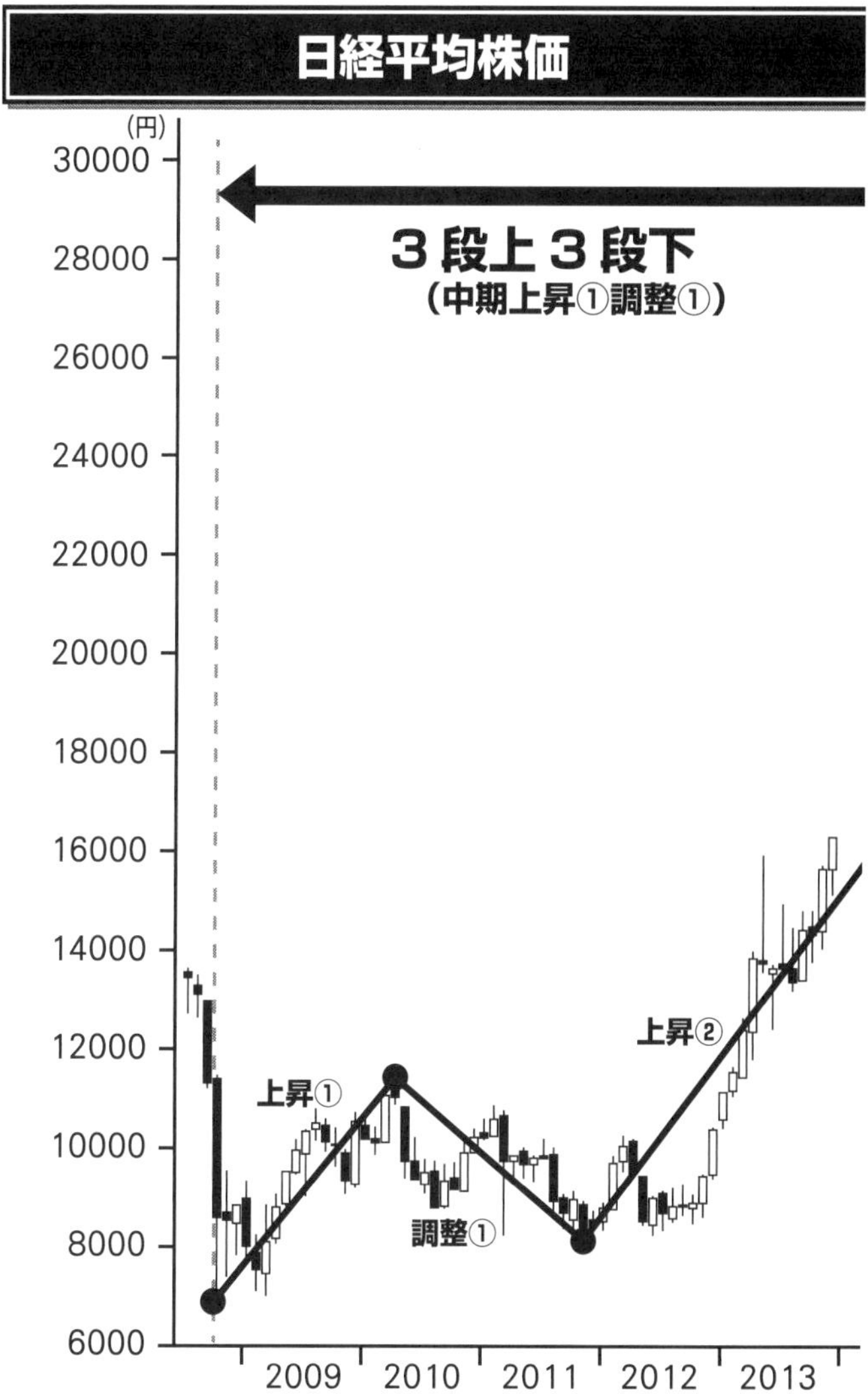
日経平均株価
(円)
30000
28000
26000
24000
22000
20000
18000
16000
14000
12000
10000
8000
6000
３段上３段下
(中期上昇①調整①)
上昇①
調整①
上昇②
2009
2010
2011
2012
2013

万四二七〇・六二円であった。

二〇二一年三月現在、短期周期は上昇①であり、中期周期三周期目（中期上昇③調整③）に入っている。短期周期は上昇①で終わる確率は低く、今後さらに上昇する確率が高い形になっている。

中期周期一周期目（中期上昇①調整①）は、二〇〇九年三月一〇日の七〇五四・九八円から二〇一五年六月二四日の二万八六八・〇三円まで一万三八一三・〇五円上昇。中期周期二周期目（中期上昇②調整②）は、二〇一六年六月二四日の一万四九五二・〇二円から二〇一八年一〇月二〇日の二万四二七〇・六二円まで九三一八・六〇円上昇した。中期周期三周期目（中期上昇③調整③）の起点は二〇二〇年三月一九日の一万六五五二・八三円だが、一周期目の上昇幅一万三八一三・〇五円程度の上昇は期待できる。そうなると、三万三六五・八八円（一万六五五二・八三円＋一万三八一三・〇五円）が目標となる。二〇二一年二月一五日（終値三万八四・一五円）に一九九〇年八月二日（終値三万二四五・一八円）以来、約三〇年六ヵ月ぶりに三万円の大台に乗せている。

さらに、超長期周期が上昇過程に入っているので中期周期の四周期目が起きる可能性も高く、そうなれば一九八九年一二月二九日の三万八九一五・八七円の高値を更新し、さらなる上昇が期待できる。

超長期周期は、少なくてもあと二〇年は上を向いている。その間に、日経平均が一〇万円を超えるのは何ら不思議ではない。むしろ、一〇万円は単なる通過点にすぎない確率が高いと言える。

丑《うし》つまずき、寅《とら》千里を走る

日経平均には、「六〇年周期」が存在するが、「一二年周期」もあると言われている。左記の一文は、十二支にまつわる相場格言である。

辰巳《たつみ》天井、午《うま》尻下がり、未《ひつじ》辛抱、申酉《さるとり》騒ぐ、戌《いぬ》笑い、亥《い》固まる、子《ね》は繁栄、丑《うし》つまずき、寅《とら》千里を走り、卯《う》跳ねる

まったくこの通りになるわけではないが、一一三ページの表を見るとそれら

しき傾向があるとも言える。年間平均騰落率がマイナスなのは、午（尻下がり）と丑（つまずき）であり、辰巳（天井）で大きく上昇している。

この格言によれば、二〇二一年（丑年）は、〝つまずく〟とある。出だしが良くても、後が悪いと言うことである。より注意が必要なのは、二〇二二年かもしれない。寅、〝千里を走り〟とあるが、「虎は千里を行って千里を帰る」と言われる。勢いがある、と言うことを意味している。プラスに勢いがあればよいのだが、マイナスに勢いが付くと暴落の可能性もある。勝敗が一勝五敗というのも気になるところだ。ただし、辰巳天井の前に絶好の買い場を与えてくれることになる。

日経平均は短期的には調整も

日経平均は、超長期的に上昇中であることは前記の通りだが、短期的には調整する確率が高い形である。その要因は、以下の三つである。

十二支と日経平均株価との関係

十二支	平均騰落率	勝敗	年
辰	27.97%	4勝2敗	**1952** 1964 **1976** **1988** 2000 **2012**
巳	13.41%	4勝2敗	**1953** **1965** 1977 **1989** 2001 **2013**
午	▲5.04%	3勝3敗	1954 **1966** **1978** 1990 2002 **2014**
未	7.88%	4勝2敗	**1955** 1967 **1979** 1991 **2003** **2015**
申	8.77%	5勝1敗	**1956** **1968** **1980** 1992 **2004** **2016**
酉	15.69%	5勝1敗	1957 **1969** **1981** **1993** **2005** **2017**
戌	6.19%	4勝2敗	**1958** 1970 **1982** **1994** **2006** 2018
亥	16.51%	5勝1敗	**1959** **1971** **1983** **1995** 2007 **2019**
子	22.50%	4勝2敗	**1960** **1972** **1984** 1996 2008 **2020**
丑	▲0.05%	3勝2敗	**1961** 1973 **1985** 1997 **2009**
寅	1.80%	1勝5敗	1950 1962 1974 **1986** 1998 2010
卯	16.36%	4勝2敗	**1951** 1963 **1975** **1987** **1999** 2011

■**太字**は、年間騰落率がプラスの年

①上値抵抗線を次々に上回った。
②三分の二戻し達成。
③二〇二〇年からの上昇が急ピッチ。

まず①だが、過去に付けた価格が意識されることが往々にしてある。たとえば、下落途中に戻りが入った後、再度下落した時に前回の安値が意識される。この意識が強いと、その安値の価格を「下値支持線」と言われることがある。逆に、上昇途中に調整が入った後、再度上昇した時に前回の高値が意識される。この意識が強いと、その高値の価格を「上値抵抗線」と言われることがある。

また、過去における局所的な山や谷の価格（極大値、極小値）も意識される。この価格に下から近付けば上値抵抗線となり、上から近付けば下値支持線になり得る。

【日経平均の意識される価格（上値抵抗線）】

㋐三万八九一五・八七円　一九八九年一二月二九日　史上最高値
㋑三万三一九二・五〇円　一九九〇年六月七日　戻り高値（極大値）

㋒二万八〇〇二・〇七円　一九九〇年四月二日　戻りが入る前の安値（極小値）
㋓二万七一四六・九一円　一九九一年三月一八日　戻り高値（極大値）

三〇年ぶりの水準まで戻ってきた日経平均は、二〇二〇年年末から二〇二一年年初にかけて立て続けに上値抵抗線を上抜けした。㋓の二万七一四六・九一円は二〇二〇年一二月二九日（終値二万七五六八・一五円）に上抜けし、㋒の二万八〇〇二・〇七円は二〇二一年一月八日（終値二万八一三九・〇三円）に上抜けした。「上値抵抗線」を上抜けすると上昇が加速することが多いが、急上昇後に立て続けに上抜けした後は、達成感から利益確定も出やすく調整する確率も高まる。

②の「三分の二戻し」とは、一九八九年一二月二九日の三万八九一五・八七円から二〇〇九年三月一〇日の七〇五四・九八円まで、三万一八六〇・八九円下落したが、「この下落幅の三分の二戻した」という意味である。具体的には、安値七〇五四・九八円から下げ幅三万一八六〇・八九円の三分の二（二万一二四〇・五九円）を足した二万八二九五・五七円がその価格になる。この価格は、

二〇二一年一月一三日（終値二万八四五六・五九円）に上抜けした。この三分の二戻しも、達成すると達成感から利益確定も出やすく調整する確率も高まる。

この他、「三分の一戻し」「半値戻し」や黄金比から導かれる「〇・六一八戻し」、「〇・三八二戻し」なども意識される。参考までに、日経平均のそれぞれの価格を高い順に並べておく。

三万八九一五・八七円　全値戻し
二万八二九五・五七円　三分の二戻し
二万六七四五・〇一円　〇・六一八戻し
二万二九八五・四二円　半値戻し
一万九二二五・八三円　〇・三八二戻し
一万七六七五・二七円　三分の一戻し

すでに「三分の二戻し」を達成したので、この上は「全値戻し」である。短期的な調整が終われば、比較的早く「全値戻し」を達成する確率は高い。

最後に③の二〇二〇年からの上昇が急ピッチというのは、コロナショックに

上値抵抗線

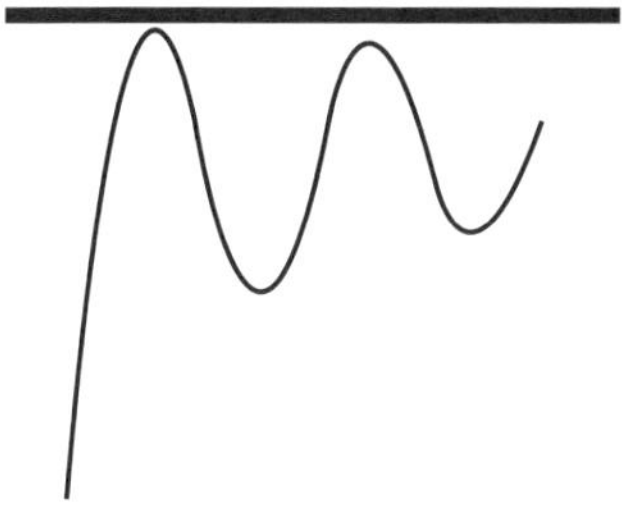

下値支持線

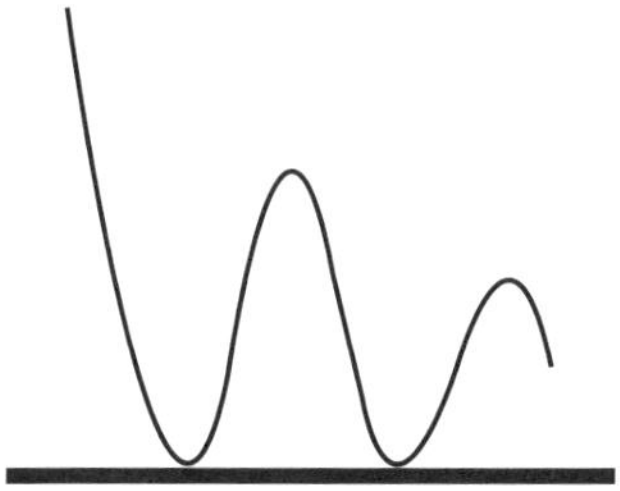

意識される価格

（上値抵抗線、下値支持線）

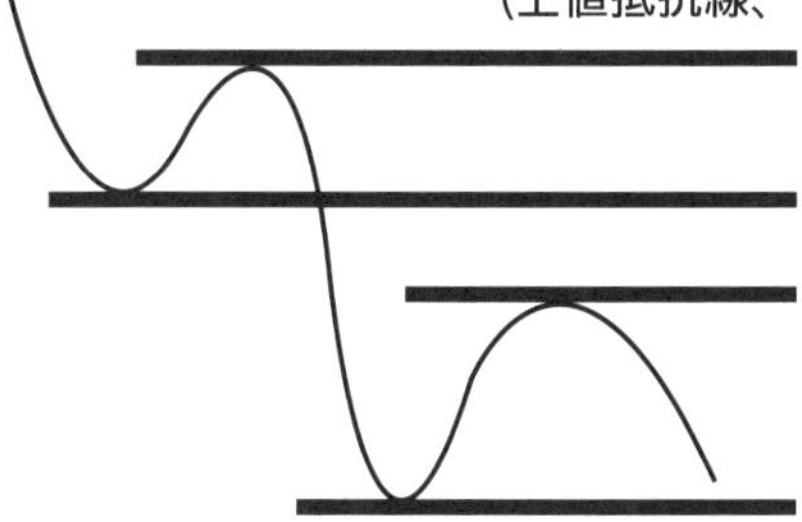

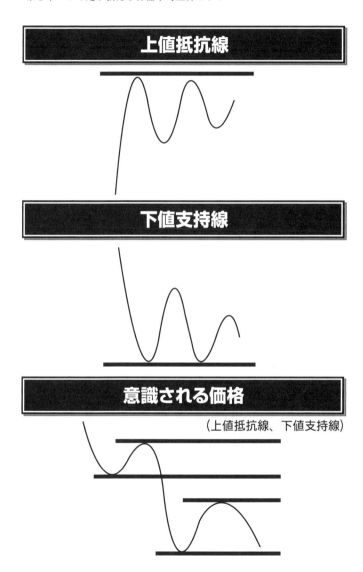

長期チャート

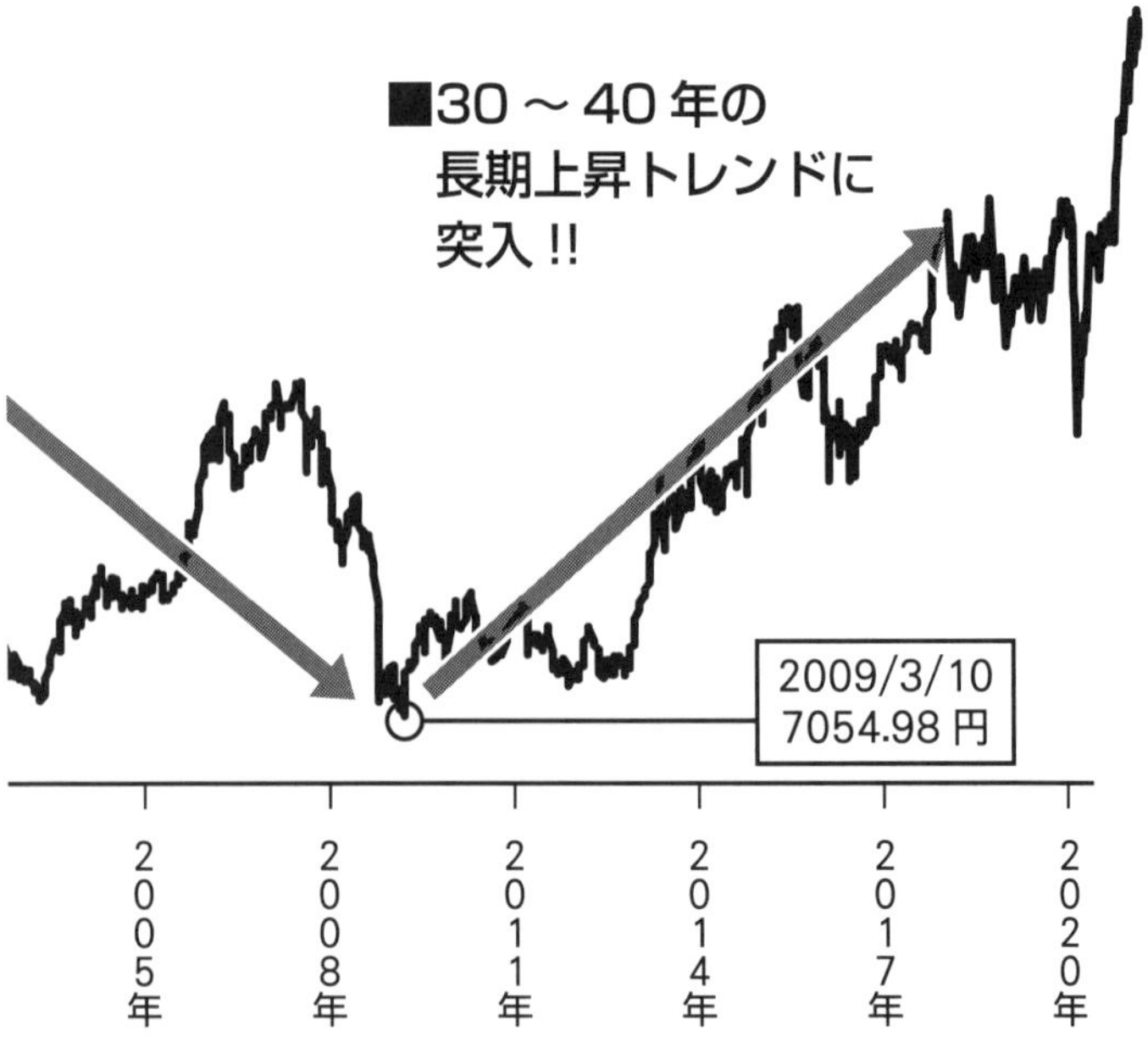

■30～40年の
長期上昇トレンドに
突入!!
2009/3/10
7054.98円
2005年
2008年
2011年
2014年
2017年
2020年

日経平均株価

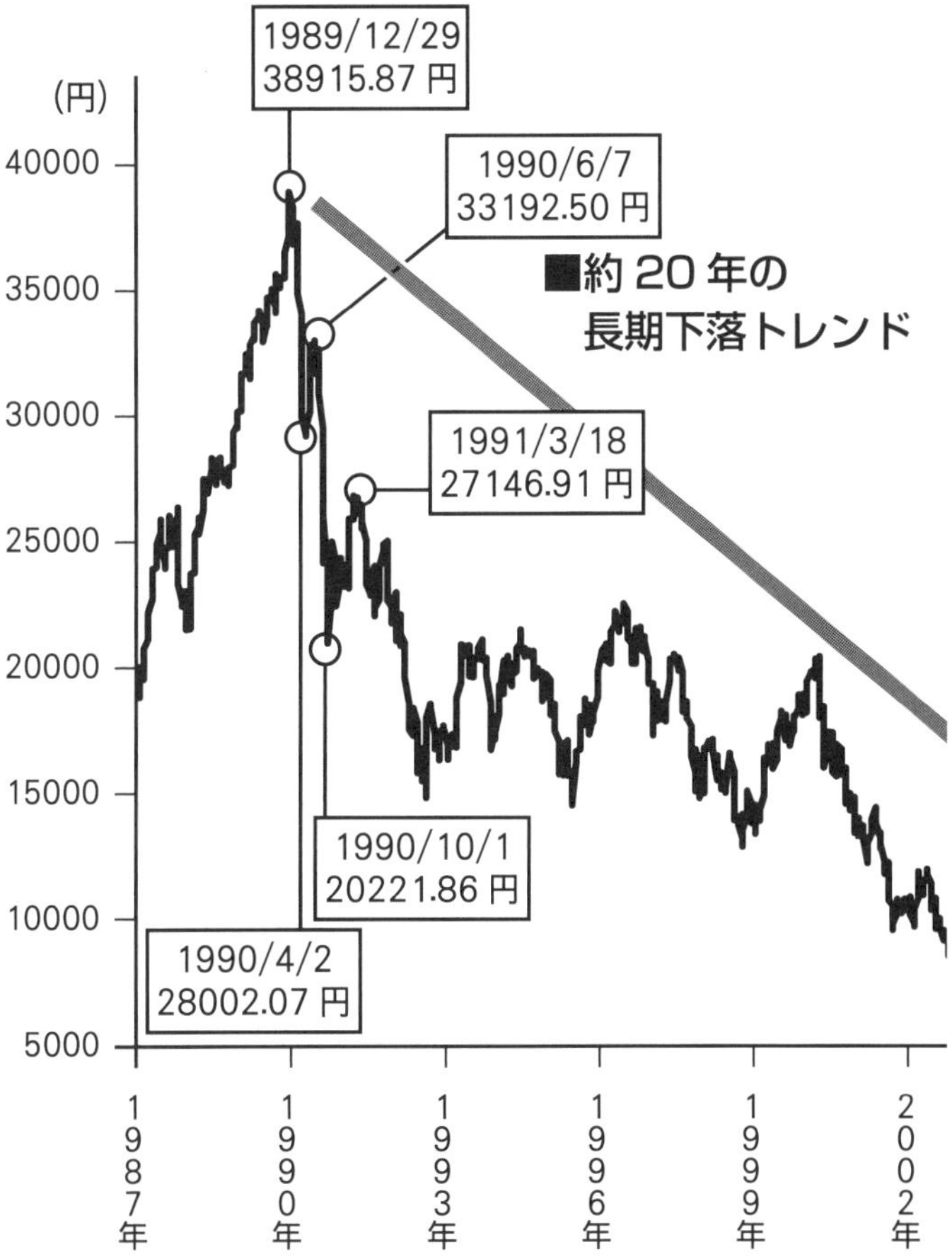
(円)
40000
35000
30000
25000
20000
15000
10000
5000
1989/12/29
38915.87 円
1990/6/7
33192.50 円
■約 20 年の
長期下落トレンド
1991/3/18
27146.91 円
1990/10/1
20221.86 円
1990/4/2
28002.07 円
1987年
1990年
1993年
1996年
1999年
2002年

より二〇二〇年三月一九日に一万六五五二・八三円（終値）まで急落したが、その後の反発が大きな押し目（調整）もなく一本調子で三万円以上まで上昇し、上昇速度が速かったということである。

相場の世界は「〝もう〟は〝まだ〟なり、〝まだ〟は〝もう〟なり」と言われるように、「もういいだろう、もういいだろう」と思いながら一方方向に動くことはあるが、永遠に続くことはない。個別銘柄ならともかく、日経平均のような指数が大きな押し目を入れることなく八〇％以上上昇しているということは、十分注意する必要がある。

第四章

通貨が紙キレになれば、株価は天まで上がる

失敗したからって何なのだ？
失敗から学びを得て、また挑戦すればいいじゃないか（ウォルト・ディズニー）

バラ撒きの果てに到来する地獄

「祇園精舎《ぎおんしょうじゃ》の鐘の声　諸行無常の響きあり」――鎌倉時代に成立したとされる軍記物語「平家物語」の冒頭にある言葉は、おそらく日本人なら知らない人はいないというほど有名なものだろう。中学校の国語にも登場するこのフレーズを、授業で何度も音読したという人も多いはずだ。

そして、その意味するところも実に奥深い。お釈迦《しゃか》様が在世の時にあった五つの精舎（寺院）の一つ、「祇園精舎」（この祇園は京都ではない。インド北部にあるシュラーヴァスティーという土地にあった）には、修行僧が病気で余命わずかになると移されたという「無常堂」というお堂があった。四隅にはガラスの鐘があり、とても澄んだ音色がしたという。平安末期の高僧・源信が残した「往生要集」には、この鐘の音から「諸行無常　是生滅法　生滅滅已　寂滅為楽」の説法が聞こえると記されている。

この四つの言葉は、釈迦が入滅《にゅうめつ》する際に帝釈天《たいしゃくてん》が唱えた詩とされる「無常偈《むじょうげ》」と呼ばれるものだ。このうちの一つ「諸行無常」とは、あらゆるものはすべて、その形も本質もひとところに留まることなく変化して行くという、仏教の根幹をなす教えを表している。

「平家物語」の冒頭の句は、書かれた年代より少し前に高僧・源信が「往生要集」で比喩した「祇園精舎の無常堂にある『諸行無常』の説法のような鐘」を引用して、天下にその名がとどろくほど隆盛を誇った平家ですら「諸行無常」の理に従って衰え滅びたということを見事に表現しているのだ。

さて、株をテーマにした本でいきなり国語や仏教が出てきて面食らってしまった人もいるかもしれない。しかしながら、この「諸行無常」はこれからお話しすることに極めて関係が深い。何しろ、「驕《おご》る平家は久しからず」を地で行くような未来が日本に待ち受けているからだ。

それは、どういうことなのか。第二章で、日銀やFRBがいかにお金をバラ撒き続けているかをつぶさに見てきた。ただ、日本の「バラ撒き」は何も今回のコロナ禍に対してのみ行なわれたものではない。一九九〇年のバブル崩壊以降、ことあるごとに行なわれてきた、いわば「お家芸《いえげい》」のようなものなのだ。

九〇年代には、バブル崩壊による民間部門の深刻なダメージを抑え込むため、多額の公的資金が注入された。二〇〇八年のリーマン・ショックとその後の金融危機では、最終的に「アベノミクス」という金融・財政をセットにした破格の緩和政策が行なわれた。

それだけではない。日本では一九六一年から六〇年にわたって、「国民皆年金」を実施し続けている。この年金制度は、現在は現役世代の保険料収入を財源として年金を支給する「賦課方式」を採っているが、少子高齢化の進展によって制度の持続性に赤信号が灯っている。高齢者が増え、現役世代が減って行くのだから当然の帰結と言えるだろう。そして、保険料だけで賄いきれない部分についても、やはり最終的には国がお金を捻出してつじつまを合わせることになる。制度的に無理があるなら、国が補填するのではなく止めるなり縮小するなりすればいいのだが、それを行なえば政府は高齢世代の支持を失い、政権を維持できなくなる。つまり票のために年金を維持するという、いわば単なるバラ撒き政策と化しているのだ。

こうしたバラ撒きの原資は、すべて政府債務という借金で賄われている。「継続は力なり」とはよく言ったもので、長年にわたってバラ撒きをし続けた結果もすさまじい。額にして九三六兆円（令和二年度末見込み）、もはや天文学的というべき高みに達しているのだ。地方債務も合わせれば一一二五兆円（令和元年一二月の財務省主計局まとめ）という「夢の大台」に乗っている状況だが、この莫大な借金はコロナ対策のバラ撒きによって今後、さらに加速度的に積み上がることは間違いない。

しかし、この異常な政府債務にもいつかは終わりがやってくる。まさに「諸行無常」、借金を続けているこの状態に留まれるわけがない。そもそも、未来永劫借金を増やし続けられる道理がないのは、小学生でもわかることだ。平家の隆盛は、平清盛が太政大臣（朝廷の最高職）に就いた時に頂点を極めたが、それから一三年後に起きた治承の乱（一一八〇年）を起点として、わずか六年で坂を転げるように衰退し、ついには壇ノ浦の戦いで滅亡を迎えた。まさにこれと同じように、このバカげた借金についても短期間のうちに、まるで坂を転がるかのように最悪の事態に帰結するだろう。

そのXデーを明確に特定することはできないが、私は二〇二六年がその大転換期になるだろうと見ている。そして、その時起きる最悪の事態とは、「国家破産」と「日本円の滅亡」、すなわち国家が発行する通貨が無価値になり、紙幣はただの「紙キレ」になるという地獄絵図のようなものだ。

国家破産で何が起きるのか

私は、経済ジャーナリストとして長年にわたって国家破産を研究し、またその成果を多くの書籍を刊行して発信してきた。国家破産についてなら、それこそ本一〇冊分でも語り尽くせないほど言及すべきことがあるが、本書は株式投資がテーマである。そこで、国家破産で起きることを簡単に振り返っておこう。

まず国家破産とは、国の借金が膨らみ、資金繰りが滞ることで起きる。家計や企業と同じく、国家にも収入と支出があり、資産や貯蓄もある。国家においての収入（歳入）は主に税金で、支出は様々な公的サービスや公共事業である。通常、収入に見合った支出しかしなければ借金をする必要はないが、国家にも突発的にまとまった支出が必要な事態が訪れる。今回のコロナ禍などはその典型で、感染封じ込めのために経済活動を規制する代わりに補助金などを給付する、といったことがまさにこれにあたるわけだ。

その給付の原資をどう工面するか。方法は二つある。一つは、税金を引き上げて収入を増やす。もう一つは、借金をするというものだ。国が借金をする時には、「国債」を発行してそれを銀行・生損保などに買ってもらう形を取る。日本はこの数十年、足りないお金を税金で賄うのではなく、借金で賄ってきた。それゆえ、前述のような九三二兆円という借金が積み上がったわけだ。

なぜ、税金ではなく借金で賄い続けたのかと言えば、税金を上げるより借金をする方が簡単だからだ。税金を引き上げれば国民からの不満や反発が大きい。

一方、借金の場合は国民が直接資産を徴収されるわけではないため、不満や反発が起きにくい。民主主義国家では、国民の不興を買えば為政者といえども退場を余儀なくされる。したがって、どうしてもその判断は安きに流れてしまうのである。いわゆる大衆迎合主義、あるいは衆愚政治（ポピュリズム）と言われるものであるが、目先の損得に振り回される国民の意見を聞いて国家が安きに流れれば、国が傾くのは自明の理だ。

しかし国家は、個人と違って破滅に至るまでにより多くの猶予時間があり、またかなり無理が利く。それゆえに、国民も為政者も時間が経つごとにより安きに流れてより大きな無理をする。しかし一方で、その無理が大きくなるほどにより悲惨な結末が待っているものである。

さて、話を戻そう。国も借金が無限にできるわけではない。国債を発行しようにも、買い手がいなくなれば資金繰りはできなくなるからだ。その分かれ目となるのが、「信用」だ。個人で置き換えるとわかりやすい。莫大な借金を抱える安月給の高齢者が、「お金、貸して」と言ってきたらどう思うか。人となりにもよるだろうが、「貸したが最後、返ってこないかもしれない」と思うだろう。お金を失いたくなければ、そんな申し出は断るに違いない。今の日本はまさにこの状態だ。

少子高齢化、歳出を賄えない税収、莫大な政府債務……そんな状態でもまだ借金ができるのは、日銀が事実上の買い支えを行なっているからだ。しかし、それにも限界はある。日銀は国債を買う代わりに、その対価として「日本銀行券」すなわち紙幣を発行している（実際には紙幣を刷るのではなく、「日銀当座預金」にお金を入れる）。つまり、国債の信用が紙幣に化けているのだ。

仮に、国が無尽蔵に借金をし続け日銀が無尽蔵に紙幣を発行してこれに応じれば、やがて無尽蔵のお金が市中に流通するようになる。モノの量に比べてお金の量が増えればモノの金額が上がって行くのは道理であるから、モノの値段も果てしなく上がって行く世界が到来するわけだ。ハイパーインフレの到来、「紙幣の紙キレ」化である。

現実にはもっと複雑なカラクリがあるため、安直にハイパーインフレになるわけではないが、大まかな原理としてはこれくらいの理解でも十分だろう。

つまり、「国の借金が増える＝高インフレ＝通貨紙キレ」という図式となるわけだ。実際、かつて国家破産やそれに近い状態となった国では、ほぼ例外なくハイパーインフレが到来している。近代以降では第一次世界大戦に敗戦したドイツ、第二次世界大戦後のドイツ、ハンガリー、日本、一九八〇年代のブラジル、二〇〇〇年代初頭のアルゼンチン、二〇〇九年のジンバブエ、二〇一九年のベネズエラ……ざっと思い付くだけでもこれだけの国々が財政危機を迎え、そして通貨はハイパーインフレによって紙キレとなった。現在進行形では、元日産自動車会長のカルロス・ゴーンが逃亡したレバノンも、財政危機によってレバノンポンドが暴落しインフレが深刻化している。

通貨とは、その国の信用によって成り立つものであり、国の信用とは健全な財政運営の積み重ねである。その国の実力（経済力や軍事力、外交能力などの総合的なもの）に見合った収入・支出・借金のバランスが健全であるかどうかがすべてなのだ。その意味で、ここに挙げた国々は皆、逸脱した財政運営の果てに破綻を迎えた。

翻《ひるがえ》って日本は、天文学的債務にも関わらず借金を続けている。日本だけが歴史上の破産国家と異なり、借金をし続けられる「唯一の例外」なのか、はたまた「たまたま、まだ借金ができているだけ」でそう遠くない未来に破産国家史にその名を刻むのか。その答えは、もはや明らかであろう。

破産した国家が立ち直るため国民が受ける被害

ハイパーインフレは、国家破産において典型的な現象の一つだが、それ以外にも様々なことが起きる。まず、破産国家が立ち直るためには、借金を清算する必要がある。やり方はいくつかあるが、大別すれば「工夫して返済」するのか「踏み倒す」のか、いずれかである。

まず「踏み倒す」方だが、いわゆる「債務不履行」というものだ。国債の所有者に約束通りの返済をしない（厳密には「一部しか返済しない」「利息は払わ

世界の歴代ハイパーインフレ・ランキング

1位
ハンガリー ……………… **1946年**
（月間１京3600兆％……15.6時間で倍）

2位
ジンバブエ ……………… **2008年**
（月間790億6000万％……24.7時間で倍）

3位
ユーゴスラビア ……… **1994年**
（月間3億1300万％……1.4日で倍）

4位
ドイツ ……………………… **1923年**
（月間29,500％……3.7日で倍）

5位
ギリシャ …………………… **1944年**
（月間13,800％……4.3日で倍）

ない」「約束の期日を後ろ倒しする」など様々なやり方がある）というものだが、おそらくこのやり方だけでは清算は厳しいかもしれない。仮に、九〇〇兆円もの借金をすべて踏み倒すとすれば、それだけの被害が日本中どころか世界中に波及する。国債保有率の高い保険会社や金融機関を中心に、企業の一斉倒産が相次ぐ他、日銀が保有する五〇〇兆円近くの国債も紙キレとなる。つまり、日銀が発行済みのお金のうち、五〇〇兆円が紙キレになるという話だ。

ハイパーインフレどころか通貨制度が崩壊し、日本は未曽有のパニックとなるだろう。インフレを制御しなければ国民生活の安定を取り戻すことはできず、やがて社会不安が政権転覆という最悪の事態を招きかねない。したがって、「踏み倒し方式」による清算は限定的なものにならざるを得ないだろう。

そこで、もう一方の「工夫して返済」する方法となるのだが、こちらは国民の資産に甚大な影響をおよぼすものとなる。最も手っ取り早い方法として挙げられるのが、国の収入増加、それも臨時的な増収を狙うものだ。

それは、「財産税」である。通常、所有財産に課税するのは不動産などに限られ、また税率も低く抑えられているが、国家が有事に陥った際には一時的な措置として所有資産すべてに課税するという方法が取られる。太平洋戦争に敗戦し著しい負債を負った日本政府は、一九四六年に財産税を実施した。最高税率九〇％という極めて高い税率が課せられた結果、多くの華族や富裕層が没落した。おそらく、次の日本国破産の際にも同様の方策が取られる可能性は極めて高いと見るべきだろう。

収入を増やして清算を加速するやり方は、財産税だけには限らないだろう。消費税や所得税、法人税などを大きく見直すことで税収の底上げを狙うという方法もある。世界を見渡せば、タバコ税や酒税、ガソリン税や自動車税などの引き上げによって、少しでも収入の上乗せを行なった例もある。

また、「支出を絞って返済に回す」という方法もあり得る。国の支出とは、公共事業や社会保障、様々な行政サービスという形でなされている。端的にこれらを絞るわけだ。具体的には、交通インフラの維持費縮小、年金カット、介護・医療の個人負担割合増加、公務員の定数削減や給与カットなど多岐におよぶだろう。実際、二〇一〇年に政府の「隠し債務」が明らかになり、深刻な財政危機に陥ったギリシャでは、ＥＣＢやＩＭＦの支援条件として公務員の給与カットや年金カットをはじめとした財政再建策が実施されている。行政サービス削減の実害は、おそらく社会的弱者ほど深刻となる。高齢者や子供、ひとり親世帯、貧困世帯などでは、生死に直結するような悲惨な状況に追い込まれる人が大量に生まれることとなるだろう。

このように直接課税する方法の他に、もう一つ言及しておくべきことが「資産の移動制限」だ。国家破産による高インフレ下では、お金をお金のまま持っておくことが最大のリスクとなる。放っておけば、お金の価値はどんどん下がって行くからだ。

しかし、これを政府サイドから見直すと「負債がどんどん減る」ことになる。国債は国の債務で、国債を引き受けて発行される紙幣は日銀の負債であると説明したが、「お金の価値が下がる」ということは「日銀の負債が減る」ことであり、ひいては「国の負債が減る」ということである。

一九四六年に実施された預金封鎖では、封鎖が解除されるまでにインフレが高進したため、預金の実質価値が著しく目減りした。結果的に、政府債務は実質的に減額されたことになり、財政再建を後押しすることになったのだ。

預金封鎖や引き出し制限は、最もわかりやすい「資産の移動制限」だが、他に考えられることとして海外送金の規制や、新しいところでは仮想通貨の取引制限などもあり得るだろう。海外資産については、ＯＥＣＤが制定するＣＲＳ（共通報告基準制度）によりある程度捕捉可能ではあるものの、やはり国内資産のような移動規制はかけられない。また、日本円から外貨に転換されることになるため、円売りとなり通貨価値下落につながることから、海外への資産移動は厳しく制限される可能性が高い。仮想通貨も同様で、ハードウォレットに格納したり海外の取引所に移動したりすることで資産隠しを行ないやすいため、国内事業者に対してはそうした移動の制限措置を行なうことになるだろう。

国民資産の移動を制限し、国内に囲い込んで財産税をかけて徴収、または高インフレで実質価値を減じることで政府債務を圧縮、というシナリオが国家破産で起こることの大まかな全容だ。これに対抗して大事な財産を守るには、通常ではあまり取ることのない対策を講じる必要があるわけだが、ここではその話は割愛する。もし興味がある人は、国家破産対策を詳述した私の過去の著書を参考にしていただくか、あるいは私が定期的に開催している「浅井隆特別講演会」を受講していただくことをお勧めする。

国家破産時代に株式投資を行なう意義とは!?

さて、こうした激動の時代を控えて、日本国内での投資は果たして有効と言えるのだろうか。結論から言えば、私は大いに有効であると断言する。というよりも、むしろ投資をしない方がリスクが大きいと見るべきだ。特に、株式投資は数ある投資先の中でも大いに有用である。

ここで、以前から私の著書を愛読いただいている読者からは、疑問の声が聞こえそうだ。「国家破産時代には、海外を活用した財産防衛が最良なのではない

国家破産時代の資産防衛策に変化

2000年代

→海外資産の保有が極めて有効

↓

IT社会の進展
金融規制の国際的な整備・強化

2020年代以降

→海外資産のみでは不十分

国内で
高インフレに対抗できる
資産クラスの保有が
必須!!

か？」「国内の株式投資は、資産防衛策として不適なのではないか？」――そう、私も以前であればそうした考え方を基本に据えて、国家破産対策としての海外活用を提案してきた。何しろ、国家破産では預金封鎖などで資産移動が大きく制限され、財産税がかけられるなど国家による資産捕捉・没収リスクが高まる。そうしたリスクから資産を防衛するためには、海外に資産を持つ意味は相変わらず大きいと考える。

しかしながら、「CRS」（共通報告基準制度）やマイナンバー制度に代表されるように、二〇一〇年代には世界規模も含めた金融規制や資産捕捉の動きが急速に進んだ。IT社会の進展がそうした規制をより実効的に行ないやすくしている側面もある。海外にある個人資産は、今後も当局が直接没収を行なうことはないと私は見ているが、それでも海外の保有資産の捕捉が進めば実質的に海外資産への課税ができる状況となる可能性は高いだろう。その意味では、私は「海外に資産を持てば防衛策は万全」とは言えない時代になってきていると実感している。

一方、国内資産が国家破産時にすべて失われてしまうかと言えば、私はそうではないだろうと見ている。いくら国家が「暴力装置」であっても、国民から財産すべてを巻き上げるなどということは現実的にはあり得ない。政府は、莫大な債務を清算した後も国家運営を続ける必要があり、国民や企業には生き延びて稼いでもらわないといけないのだ。国民資産をすべて刈り尽くせば、多くの会社は潰れ、大多数の国民は死に絶えるか国を出るだろう。

そうなれば、国家が「死に体」になることは必至だ。となれば、国家としても生かさず殺さずの線で徴収することになる。そして、保有する資産クラスによっては徴収方法や徴収割合に差を付けるといったこともなされるだろう。そうした文脈で考えると、資産を株式で保有しておくことはかなり有効な資産防衛策になり得ると考えられるのだ。

どういうことかというと、まず財産税での株式資産の没収は、やりすぎると経済に深刻なダメージを与え、財政再建や国家の立て直しに甚大な悪影響が出かねない。たとえば総資産一〇億円、うち株式が時価九億円の株式投資家に九〇%の課税をすれば、八億円分の株を売却しなければ課税に応じることはできない。課税対象が一人ならまだしも、数千人単位がこうした課税に対応すれば株式市場は暴落する。耳の早い海外勢や機関筋などは、そうした動きを逆に利用して売り浴びせで儲けようともするだろうし、「日本の株式市場崩壊」という最悪の事態につながりかねない。また、株価暴落によって財務が悪化した企業が倒産に追い込まれれば、連鎖的な倒産もあり得ない話ではないだろう。

つまり、株式市場からの徴収を強化すると、将来にわたって稼ぎ、納税してくれるはずの会社も絞め殺してしまうことになりかねない上、証券市場という「カネのなる木」も枯らしかねないのだ。したがって、株式資産に関してはそれなりに「手心」を加える可能性は十分にあるとみられる。

また、国家破産時には預金封鎖などの資産移動は禁止されるものの、一方で株式市場が取引できずに事実上の「死蔵資産」になる可能性は低いと考えられる。歴史を振り返ってみても、破綻国家で証券取引が完全に停止したという例はほとんどない。取引所が閉まっていても、証券会社が店頭取引や場外取引をやっていたというのが実態である。なんと、日本の戦後も終戦前後の数週間は取引がされなかったが、九月にはすでに店頭取引が始まっていたのだ（ただし、市場取引の再開は一九四九年五月まで行なわれなかった）。また余談だが、預金封鎖時にも封鎖預金から証券売買ができたため、新円を入手するために株式取引を行なう人が増えたという。太平洋戦争の敗戦直後、そして預金封鎖時という極限状況下にあっても、株式取引が行なわれてきたことを考えれば、もし日本が国家破産した場合でも、引き続き株式取引を行なえる可能性は高いだろう。

さて、では株式投資が本当に国家破産時代に有用な投資であるのだろうか。他の投資の中でも特に有用であるという考え方もあるだろう。そこで、他の主要な投資対象についても考えて行きたい。

まず「債券投資」だが、これは論外と断じてよいだろう。国家破産によって著しいインフレが到来する中、金利が固定されている債券は他の投資対象に比べて相対的にかなり不利になるためだ。当然、こうした不利な投資対象であれば、現金化しようにもかなり不利な価格条件となる可能性が高い。日本国債なども言うにおよばずである。

次に「不動産」だが、高インフレ下にあって物価上昇に釣り合った上昇率を期待できる点では投資対象として検討に値するだろう。太平洋戦争直後には、空襲後の焼け野原となった東京の土地を二束三文で買い漁り、戦後復興に伴って財を成した森泰吉郎のような例もある。

ただ、不動産はかなりまとまった原資がいる。森泰吉郎は、戦後の東京に到来する土地需要を予測して財を成したが、その前にはインフレを予測してレーヨン相場で財を成し、これを元手に不動産業に進出している。もし、これを借り入れなどで賄ってしまうと、高インフレ下で金利が急騰するため、かなりハイリスクな投資になる危険性が考えられる。また、不動産投資は物件ごとに需要のばらつきがあり、流動性が低く現金化しにくい。少子高齢化による需要減少という根本的な問題もある。目まぐるしく変化する激動期に、機動的に判断を下して行くことが難しい投資領域と言えるだろう。その意味で、私は不動産投資は誰もが手出しできる投資方法ではないと考える。

国家破産時代での有望度

資産クラス	インフレ対応度	流動性	懸念点	トータルバランス
債券	×× インフレにまったく見合わない金利水準	×× 価値急落で買い手がつかない可能性も	デフォルトリスクも大きい	××
不動産	◎ 戦後の不動産需要などの例	× 不動産はもともと流動性が低い	まとまった原資が必要。借入で投資すると思わぬリスクも	△
金	◎ 「有事の金」需要増でインフレにも追随	△ 偽物流通などにより有事に換金できない可能性	没収などの可能性	○
株式（＋デリバティブ）	○ 株価全体ではインフレ率に劣後も、高い上昇率が期待	◎ 万が一取引所が閉鎖されても、店頭取引が行なわれることも	会社破産で紙キレのリスク	◎◎
仮想通貨	○ 株式同様に高い上昇率が期待	○ ただし当局の規制により資金移動ができない可能性	相場急変による乱高下。取引減少による価値消失リスク	○
FX	△ 投資ターゲットの設定次第	○ ただし外貨保有規制などがかかる場合には規制対象の可能性	価格形成が複雑で見通しが難しい	△
ダイヤモンド	○ インフレ見合いで取引価格上昇の可能性	△ プロ向けのオークション市場にアクセスできるかがカギ	一般の宝飾品店での購入では二束三文のリスク大	○

※国内外の歴史事例などを踏まえ、日本インベストメント・リサーチにて作成

インフレ対策に的を絞るなら、「金《きん》」はかなり優秀な成績が期待できるだろう。「有事の金《きん》」の通り、通貨価値が下落する局面では金《きん》の魅力が特に際立つ。国家破産対策の一つとして、私も金《きん》の有用性にはまったく異論はない。

ただし、ポートフォリオの中心として金《きん》を多く保有するのは極めて危険である。まず、財産税などと並行して金《きん》は没収対象として指定・捕捉される危険がある。世界恐慌後の一九三三年、アメリカでは事実上の金《きん》没収となる大統領令が施行されており、アジア通貨危機に見舞われた韓国では市民運動として「国家への金《きん》供出」という運動が展開された。日本でも終戦直後にはGHQが日本中を巡って豪商や豪農の蔵を開けさせ、金《きん》を探させたという記録が残っている。

そもそも、金《きん》は通貨に準じる資産として取引の管理・捕捉が義務付けられているため、まとまった量を保有すれば当局の知るところとなっているのだ。

また、金《きん》は国家破産などの有事には偽物が数多く出回るため、現金化が極めて難しくなるという事情もある。重さがありかさばるため、イザという時に持ち運んで避難するということも難しい。こうした事情を総合すると、資産防衛の一部として活用するに留めるべきだろう。

この他にも、国家破産時には様々なモノが投資対象として、あるいは資産防衛策として検討されるが、難易度はかなり高いものと見込まれる。第一次世界大戦後にハイパーインフレに見舞われたドイツでは、〝カーペット〟が資産防衛に重宝された記述が残されている。しかし、それはあくまでその時代、その国の文化的な特徴によるものであって、現代においてそのまま通用するとは到底考えられない。強いて挙げれば、保存性の高い食料品（コメや塩など）はそうした対象になるかもしれないが、保存方法や盗難など懸念すべき問題が多くあるため、まったく投資向きではない。

このように考えてみると、比較的規制が緩やかで流動性が高く取り組みやすい株式投資が、いかにバランスが良いかがおわかりいただけただろう。

通貨が紙キレになれば、株は天まで上がる？

株式投資が、国家破産時代の高インフレや徳政令、大増税などにも対応でき、また誰にでも取り組みやすい投資であることを見てきた。

しかしながら、肝心なのはそのパフォーマンスである。ハイパーインフレでは、一年で物価が一〇倍や一〇〇倍になることもザラである。最もひどい局面では、わずか一日のうちに物価が倍になったという例もあるほどだ。

さすがに毎日物価が倍々になるなどということはなく、ハイパーインフレ期の物価は急騰したり落ち着いたりを繰り返しながら上昇して行くわけだが、こうした時代の投資選びにおいては、その不安定な物価と比較してどの程度の上昇（利益）が期待できるかが非常に重要となる。近い将来に訪れる国家破産で、どの程度株価が上昇するのかを予測するのは難しいが、過去に国家破産状態となった国々で株価がどうなったかを見れば、ある程度の見通しは付けられる。

ではさっそく、具体例を見て行こう。まず、太平洋戦争後の日本について見て行こう。一五〇ページのチャートは、一九四六〜四九年の東京の株式市場の動きだ。ただし、東京証券取引所は一九四六年五月に取引を再開しているため、この値動きは証券取引所の数字ではなく、店頭取引を総合したものとなる。

これを参考にすると、昭和二二（一九四七）年は横ばい推移だったが、昭和二三（一九四八）年から二四年一月にかけて指数が約五倍に跳ね上がっているのがわかる。一年で五倍であるから、一年後に日経平均が三万円から一五万円に急騰するというイメージだ。当然、「平均」がこれなのだから中には一〇倍以上に大化けする銘柄もいくつも生まれたことだろう。この時期は、ちょうどインフレが高進した時期とも重なっている。

一五一ページの図は、戦後期の物価指数の推移を表したグラフになる。終戦後の年末から急激に物価が上昇し、わずか半年で物価は一〇倍になったが、さらに昭和二二（一九四七）年の中頃に物価が五倍になっているのがわかる（なお、公定価格は昭和二三年にも急騰しているが、ヤミ物価がより実態を表して

終戦後の東京株式市場

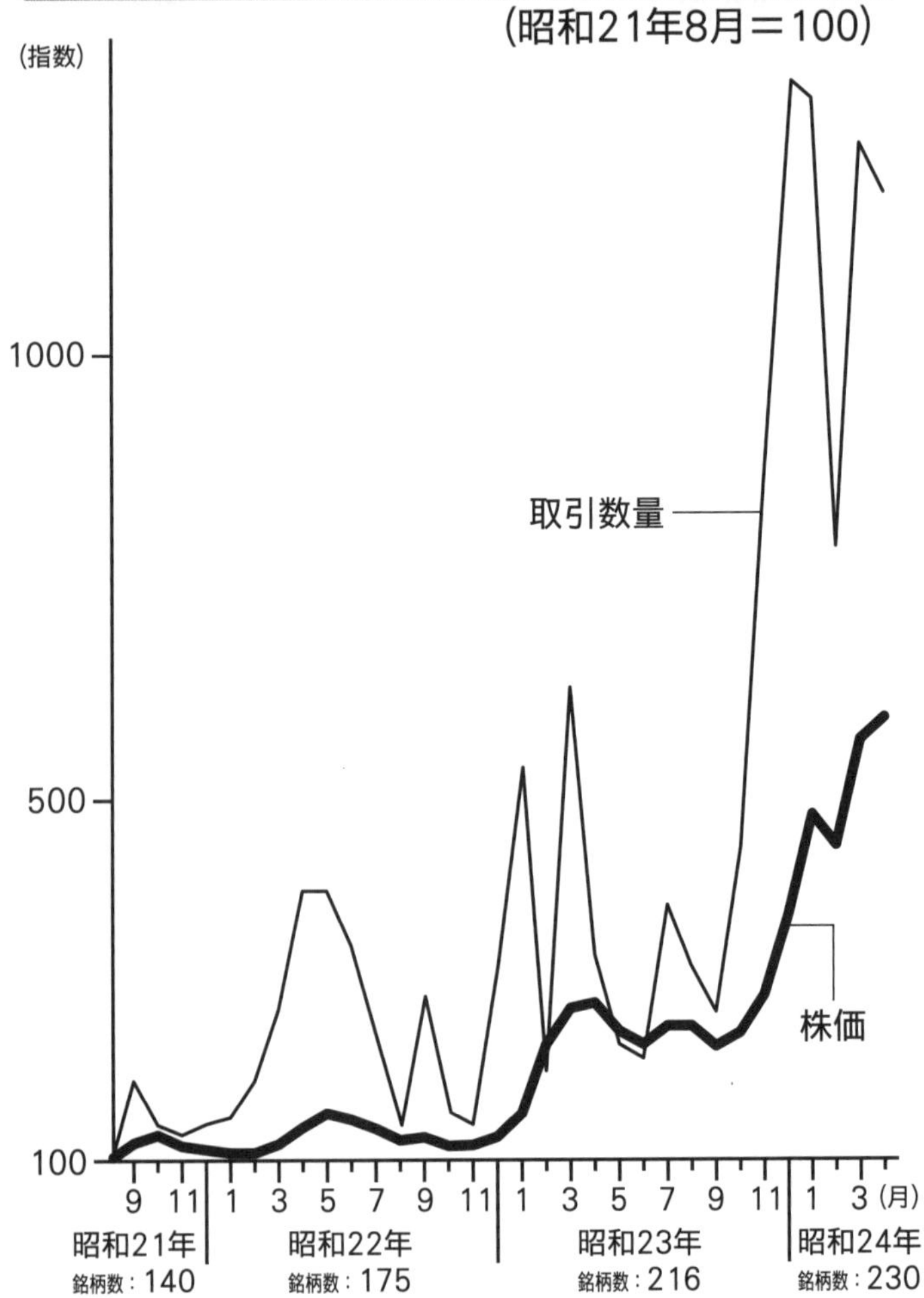

野村證券調査部『証券統計要覧』（昭和30年版）のデータを基に作成

公定・ヤミ物価指数（生産財）と通貨発行高

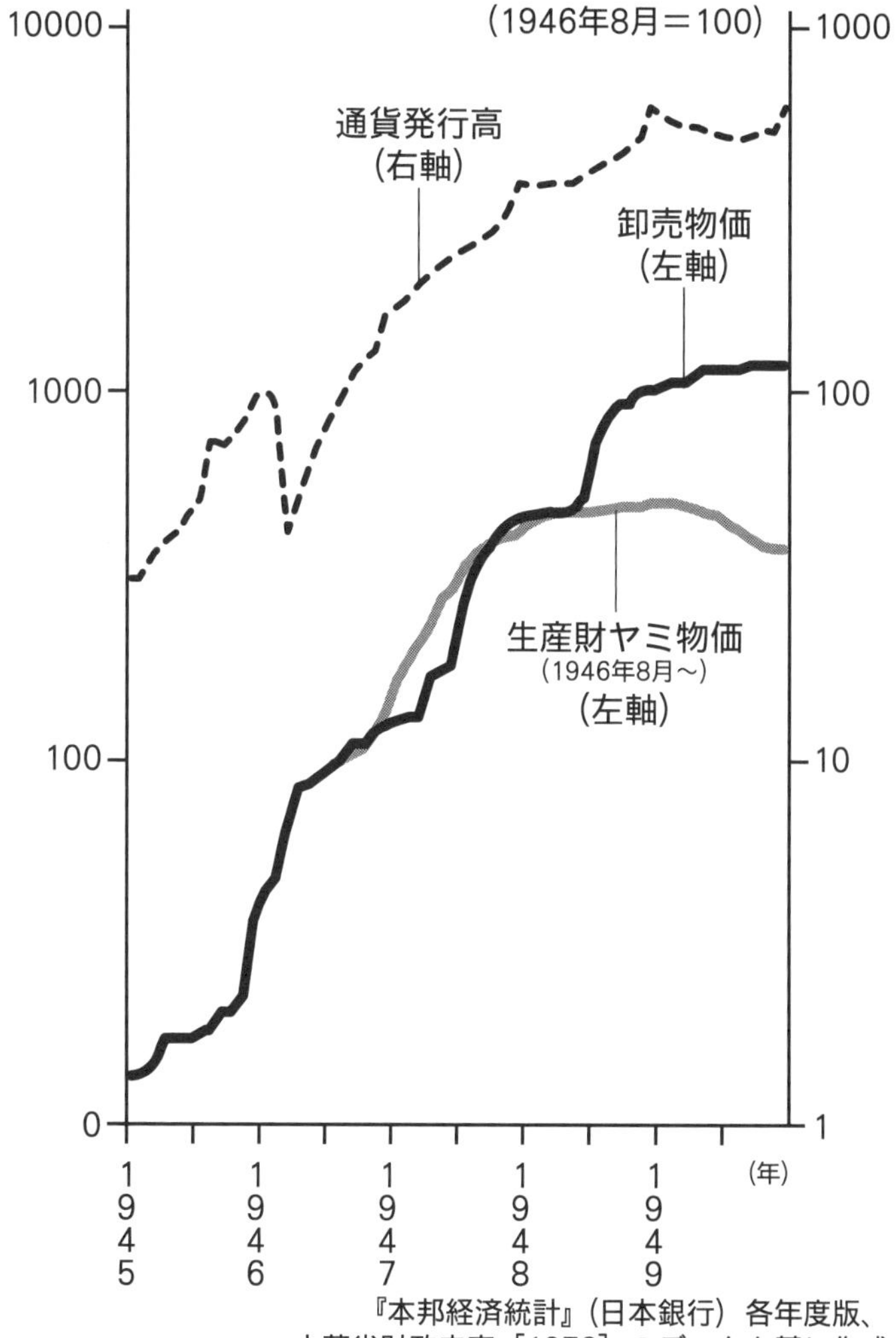

『本邦経済統計』（日本銀行）各年度版、
大蔵省財政史室［1978］のデータを基に作成

いるとみられる）。戦後のドサクサから慢性的なモノ不足による高インフレが顕著に見て取れるが、昭和二三年の株高はこのインフレ高進の影響を明確に反映しているものと思われる。

では、株価はインフレ率に対抗しきれたのかというと、完全に比較できる統計データが整っていないためはっきりとは断定できないが、断片的な情報を総合すると、残念ながら平均株価はインフレに勝ててはいないようである。

終戦時の一九四五～四九年までに、物価は約七〇倍にまで上昇しているのに対し、平均株価は五倍程度しか伸びていないからだ。何しろ、戦後の日本は極度のモノ不足で日々の食事にも困るようなありさまである。〝腹の足しにならない〟株を買うなどという方が、特殊な状況だったのだ。

ただ、それでも平均株価は五倍になった。それに、当時はＧＨＱが財閥解体のために財閥子会社の株式を強制的に買い上げ、子会社がある地域の住民や従業員に転売して「証券民主化」を進めた経緯もあり、これは株価の押し下げ要因となり得る。それを含めての五倍であるから、銘柄によっては五倍どころか、少なくともそのさらに倍、モノによってはインフレ率をしのぐ銘柄があっても不思議ではない。万人が株式で資産を防衛し利殖することは難しくとも、やりようによっては極限の終戦下ですら資産を殖やすことができたということだ。

次に、第一次世界大戦後のドイツの例も見て行こう。ドイツでは、第一次世界大戦の敗戦によって多額の戦争賠償金が課され（ヴェルサイユ条約）、財政は危機的状況にあった。それにとどめを刺す格好となったのが一九二三年一月のフランス・ベルギーによる「ルール地方占領」で、これによってドイツは空前のハイパーインフレに見舞われることとなった。この時の物価上昇率は、月間で二万九五〇〇％と言われる。四日足らずで物価が倍になる計算だ。

このすさまじいインフレ禍に先立つこと三年前、一九二〇年頃にはすでにインフレの兆候が見え始めていた。一五四ページに当時のドイツの卸売物価指数のグラフを載せているが、見ての通り一九二二年の一年間でもすでに指数が一〇〇万前後から一億近辺と一〇〇倍近くに跳ね上がっている。

そして、その間のドイツの株式市場も似たような急騰を見せているのだ。一

ドイツの卸売物価指数推移

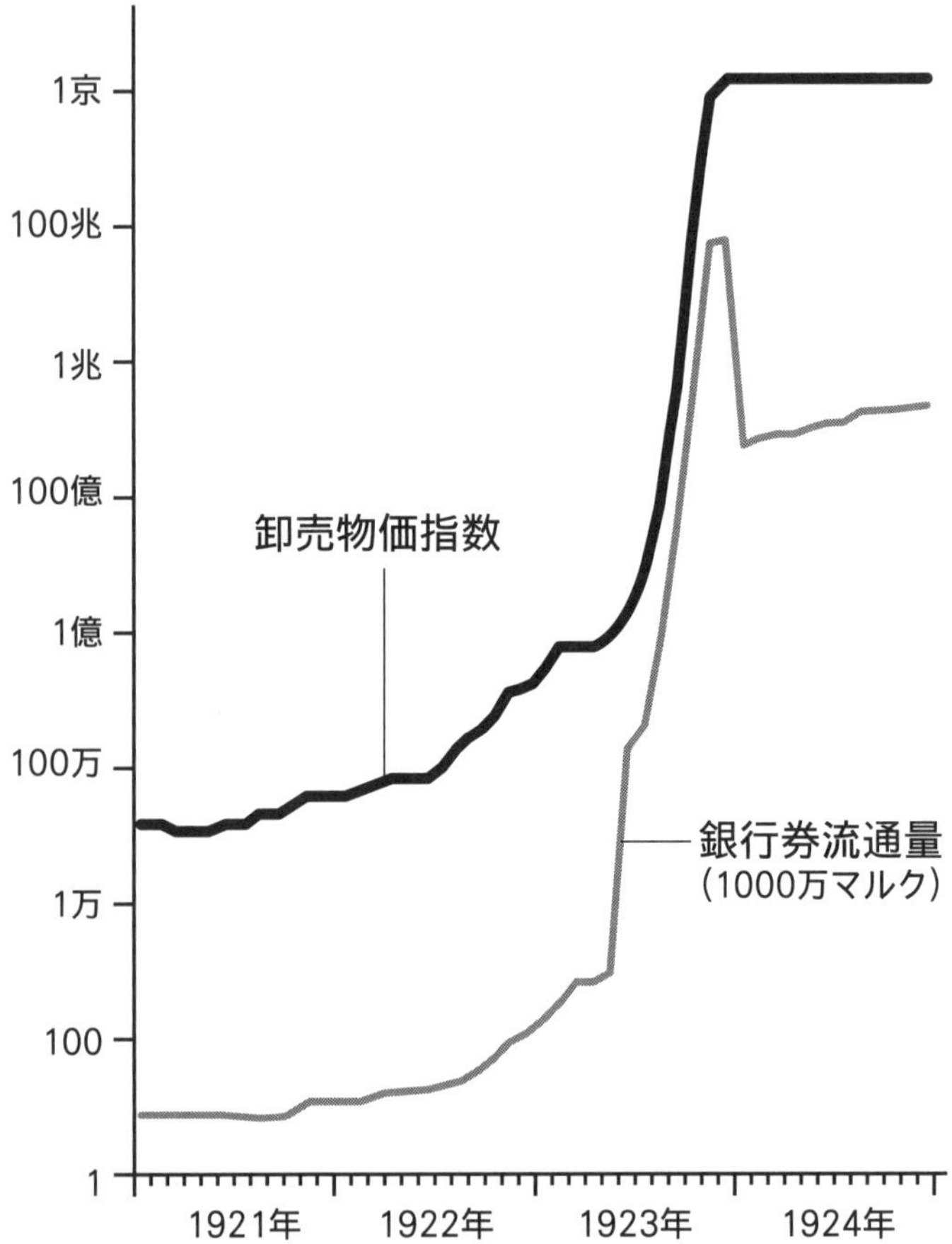

「金融研究2000.6」（日本銀行金融研究所）のデータを基に作成

ドイツの株価指数推移

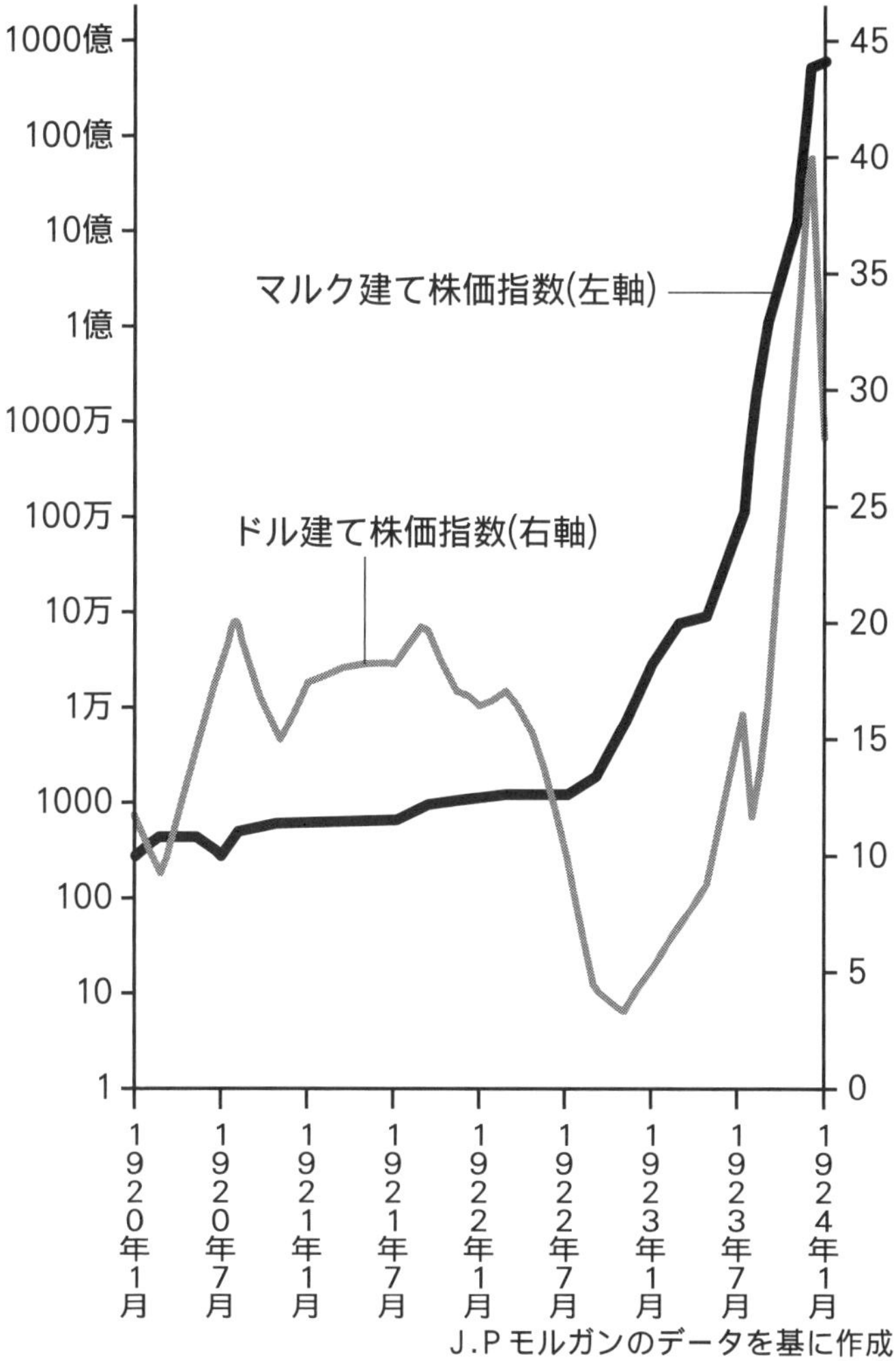

J.Pモルガンのデータを基に作成

五五ページが当時のドイツの株価チャートだが、一九二二年後半から二三年にかけて一〇〇〇前後だった株価指数は、一〇万近くにまで急騰している。さらにその翌年の一九二三年には、インフレ率と競争するかの如く急騰し、二四年初めには一〇〇、〇〇〇、〇〇〇、〇〇〇（一〇〇〇億）の高みに達している。こちらもインフレ率にはおよばないものの、国家破産時代の高インフレ下では株価がすさまじい急騰で応じていることがよくわかる。

日本、ドイツの例は敗戦による財政破綻やモノ不足という側面があったが、戦争ではない状況下でも急激なインフレは発生し、そしてそれによって株価が急騰するという例がある。

一九七〇年代から八〇年代にかけて、中東イスラエルは平均で八四%の高インフレに見舞われた。一九四八年のイスラエル建国以降、イスラエルとアラブ諸国は宗教や所得格差による衝突を繰り返してきたが、一九七三年には第四次中東戦争が勃発、これをきっかけに中東産油国が原油価格を大幅に引き上げたことで「第一次オイルショック」が発生した。さらに一九七八年にも原油価格

イスラエルのインフレと株価

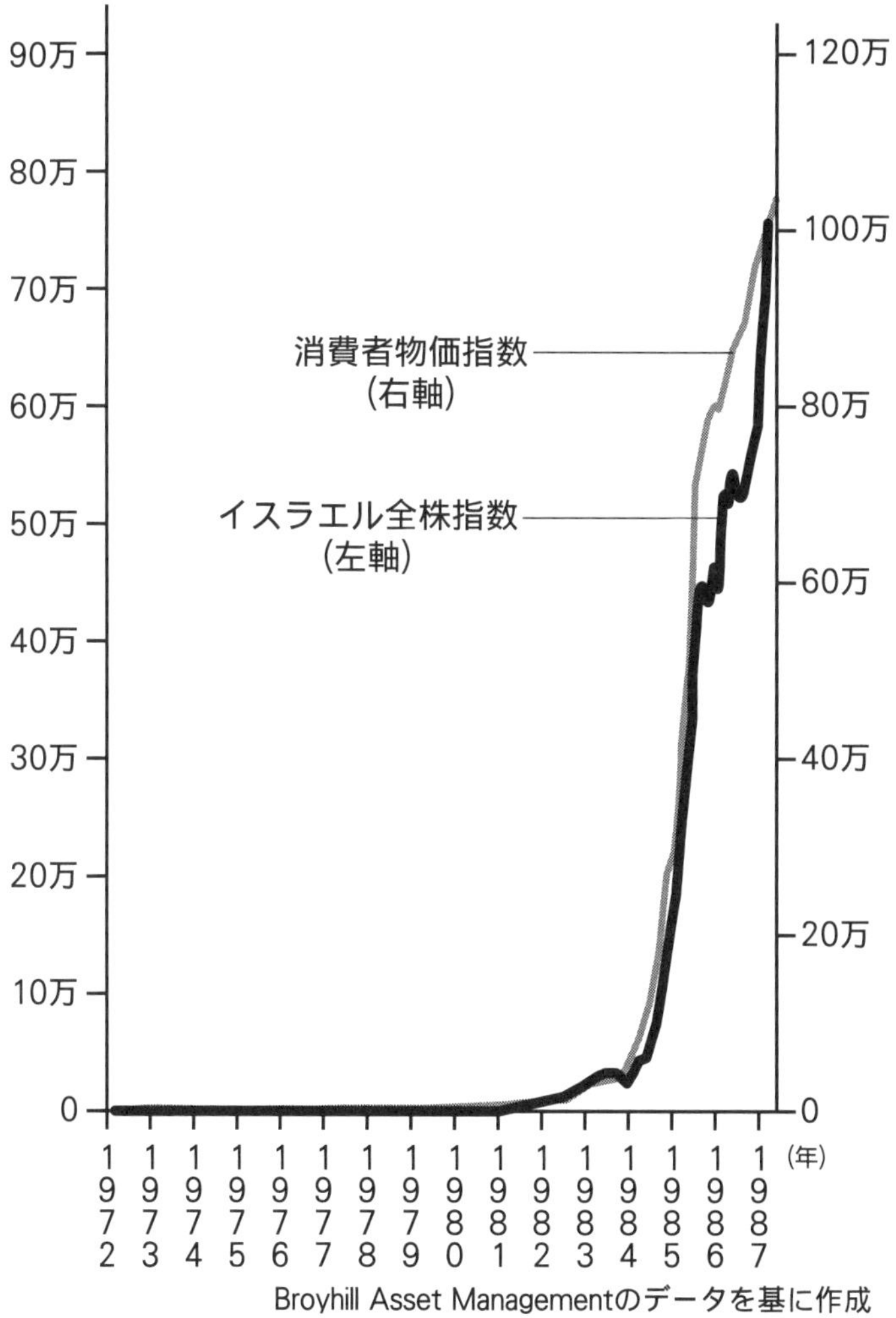

Broyhill Asset Managementのデータを基に作成

の大幅引き上げが行なわれ、七九年にはイラン革命、八〇年にはイラン・イラク戦争が勃発すると原油価格は再び急騰した（第二次オイルショック）。

二度のオイルショックと中東情勢の混迷によって、世界経済は激しいインフレに見舞われたが、渦中のイスラエルでは一九七二年から八七年までの一五年間で消費者物価指数が一万倍にまでなったという。

この「狂乱物価」に対して、株価はどうだったのか。なんとこの間、株価は六五〇〇倍にまでなったのだ。現在の日経平均株価（二〇二一年三月現在）が約三万円とすると、二〇三五年にはこれが一億九五〇〇万円に上昇しているような感覚だ。もちろん、個別の銘柄で見れば六五〇〇倍を優に超える銘柄も多数存在しただろう。インフレの到来によって、株価はまさに「天まで上がる」ということだ。

さて、ここまで見てきた日本、ドイツ、イスラエルの株価暴騰にも劣らない、衝撃的な株価上昇を果たした国はまだある。二〇〇〇年以上の文明史上でも五指に入るすさまじいハイパーインフレによって、二〇〇九年に自国通貨を放棄した国、ジンバブエだ。

非公式ながら、最高では年率換算で八九七垓《がい》％（一垓は一京の一万倍）というもはや天文学か仏教の話と勘違いするようなインフレ率を記録している。この天文学的インフレに到達する二年ほど前の二〇〇六年六月から二〇〇七年六月にかけては、ジンバブエ証券取引所の株価指数は数百倍に上昇している。

ただ、残念なことに厳密な数字は残っておらず、「三万九〇〇〇％上昇した」とするものや「四万七〇〇〇％上昇した」とするものもある。さらにその翌年にあたる二〇〇七年六月から二〇〇八年四月の一〇ヵ月間で、指数は一一〇〇万から一九億と一七〇〇倍以上に上昇したという記述もある。わずか二年足らずの間に六六万倍から八〇万倍に株価が急騰した計算で、おそらく現代社会で最も上昇した株式市場であろう。

この間のインフレ率はというと、二〇〇五年が五八六％（約七倍弱）、二〇〇六年が一二八一％（一四倍弱）、二〇〇八年が三五万五〇〇〇％（約三五五〇倍）と推移している。おおまかに見ればインフレ率に見合った株価上昇を果たしており、ジンバブエの資産階級を中心に資産防衛を行なった結果、インフレ率に匹敵する記録的な株式騰貴《とうき》になったものとみられる。

これからは株を持つしかない時代！

というわけで、国家破産によって私たちに襲いかかる高インフレに対抗するためには、株式投資が最善の選択肢になってくる。単に資産防衛という観点だけではなく、その驚異的な株価上昇のパワーをうまく利用すれば資産を倍増させることすら容易にできることだろう。そういう意味では、これからの激動期は、裏を返せば絶好の株式投資のチャンスともいえるのだ。

もちろん、資産「防衛」を主眼とするならば、インフレで価値が毀損《きそん》する日本円建てで資産を持つのではなく外貨建て資産を持つべきだし、預金封鎖や財産税などに対抗するには海外に資産を移しておくことが最善であることに変わりはない。しかし、すべての資産を外貨建て、海外資産にすることはできないし、日本国内にもある程度の資産を残すとなれば、その資産にいかに工夫を施すかは極めて重要な「サバイバルの方策」と言える。その意味で、株式投資に習熟し、激動の局面をうまく利用して大きな収益を目指して行くことは、国家破産時代を生き抜く上で重要なスキルとなるだろう。

では、とりあえず株式投資を始めさえすれば、誰でも簡単に大きな利益を出せるかと言えば、そんな甘い世界ではない。数十年の投資経験を持つベテランの方ならよくおわかりだろうが、株と一言で言っても実に様々な投資の仕方がある。超短期から超長期まで、あるいは業種テーマやイベントテーマ、値嵩《ねがさ》の大型株から「ボロ株」と言われる小型株と、それぞれがまったく異なる値動きの性質を持っており、極端に言えば約三八〇〇の上場銘柄それぞれに個性がある。どこに着眼し、どう投資に取り組むか狙いをしっかりと定めて臨まなければ、望ましい成果はとてもおぼつかない。

また、実は現物株投資以外でも株式に密接に関連した投資を行なうことは可能だ。「日経平均先物」「日経平均オプション」に投資をすれば、少ない軍資金で日経平均の値動き全体に対して利益が狙える他、現物株と異なり上昇局面でも暴落局面でも利益を狙うことができる。特に日経平均オプションは使い方次第ですさまじい利益を叩き出すことも可能だ。なんと、投資資金の数十倍から一〇〇〇倍以上（数十〜一〇〇〇〇％ではない！）もの利益獲得すら可能なのだ。

激動期の株式市場は乱高下の連続であるが、先物やオプションにとっては巨大な収益機会が次々と誕生する絶好の「狩り場」にもなる。こうした投資方法も知っておけば、局面に応じて様々な手を繰り出し、莫大な利益を上げることも可能となるだろう。

他にもＥＴＦを活用する方法などがあるが、まずはいかなる方法があり、それぞれの持ち味や投資の仕方、注意点をきちんと把握することが重要だ。

いよいよ次章では、それらの投資方法について具体的に見て行く。ここまでお読みいただき、株式投資に高い関心を持った人には、次章を特に熟読していただき、様々な投資の方法を「サバイバルの道具」としてしっかり身に付けていただきたい。

このハガキでお申込の方
入会金無料!

数々の予測を的中

浅井隆執筆・責任監修

経済トレンドレポート

国家破産からのサバイバル、また資産防衛に必要な参考情報をどこよりも早く、わかりやすく提供!!

◆レポートの概要◆

■A4判・4ページ（FAX：B4判・4ページ　電子版：PDFダウンロード）

■月3回発行（1月・5月・8月は合併号発行につき月2回の発行）

「経済の大きなトレンド」「投資情報」「経済に影響を与える要因」「資産保全、運用のためのノウハウ」「年金問題」「老後の生活」等の情報を提供。また、2001年9月の米国同時多発テロ、2008年秋の金融危機、2011年3月の東日本大震災、為替がターニングポイントを突破した時など、経済に大きな影響を与える出来事が起きた時に号外を発行（不定期）。また、近づく世界恐慌についての情報を「恐慌警報」として報じる。

■会　　費（送料・消費税込価格）

◎入会金：15,260円（ただしこのハガキでお申込の方は**無料**です）

◎年会費：郵送会員32,590円／FAX会員・電子版会員29,530円

（郵送会員、FAX会員様は＋3000円で電子版を追加できます）

◆会員の特典◆

■第二海援隊主催の講演会、各種商品（CD等）が特別価格に

■会員様相互の支援　大地震や大災害が発生した際、義援金を募り被災地域の会員様を支援（東日本大震災では義援金約800万円を被災会員50名に、熊本地震では同66万円を同９名に送付）。

■お申込方法　このハガキの表の申込書に必要事項をご記入の上、ご投函下さい

★なお、ご希望の方にはレポートのサンプル版を進呈いたします★

ご入会いただいた方には、浅井隆執筆の単行本をプレゼント!

第二海援隊のホームページからもお申込みいただけます

http://www.dainikaientai.co.jp/

料金受取人払郵便

神田郵便局
承認

1179

差出有効期間
2022年12月31
日まで

［切手不要］

郵便はがき

101-8791

503

千代田区神田駿河台2－5－1
住友不動産御茶ノ水ファーストビル8F

株式会社 第二海援隊
経済トレンドレポート係 行

経済トレンドレポート入会申込書

お名前	フリガナ	男・女	年　月　日生　歳
●ご希望の会員種類に✓印をお付け下さい　□ＦＡＸ会員　□郵送会員　□電子版会員			
●送付先住所（会社の方は会社名も）をご記入下さい			
ご住所	〒		
TEL		FAX	
e -mail			
ご購入書籍名			

ご記入いただいた個人情報は、書籍・レポート・収録ＣＤ等の商品や講演会等の開催行事に関する情報のお知らせのために利用させていただきます。

《お問い合わせ先》株式会社第二海援隊 経済トレンドレポート担当 島崎まで
TEL：03-3291-6106 ／ FAX：03-3291-6900
URL http://www.dainikaientai.co.jp/ e -mail info@dainikaientai.co.jp

2021年下半期 浅井隆 特別講演会

コロナ対策のバラ撒きによって いよいよ

国家破産が確定した。

その時起こることと対策をすべて公開！

◆名古屋：10月　1日(金)
【会場】ウインクあいち

◆大　阪：10月　8日(金)
【会場】新梅田研修センター

◆福　岡：10月15日(金)
【会場】FFBホール（福岡ファッションビル）

◆東　京：10月29日(金)
【会場】（株）第二海援隊 隣接セミナールーム

予定であり、変更される場合もございます。予めご了承ください。

◆講師：浅井 隆 他　◆受講料：（一般）10,000円
（同伴複数の場合、お一人様9,000円）
当社各クラブの会員様は別途割引しております。お問い合わせ下さい。

★お申込み：裏面にご記入の上、投函して下さい。
開催２週間前より、ご請求書、受講票（地図付）をお送りします。

※お席に限りがございますので、必ず事前申込みの上ご来場下さい。

第二海援隊のホームページからもお申込みいただけます

http://www.dainikaientai.co.jp

郵便はがき

料金受取人払郵便

神田局
承認

1285

差出有効期間
令和3年10月
31日まで

[切手不要]

101-8791

503

千代田区神田駿河台2-5-1
住友不動産御茶ノ水ファーストビル8F
㈱第二海援隊
「浅井隆特別講演会」担当 行

2021年下半期 浅井隆 特別講演会 申込書

●ご希望のものに印をお付け下さい			参加人数
講演会ご参加	□ 10/1 名古屋 □ 10/15 福岡	□ 10/8 大阪 □ 10/29 東京	名
お名前	フリガナ	男・女	年 月 日生 歳
●送付先住所をご記入下さい			
ご住所	〒		
TEL		FAX	
e-mail			

ご記入いただいた個人情報は、書籍・レポート・収録CD等の商品や講演会等の開催行事に関する情報のお知らせのために利用させていただきます。

《お問い合わせ先》 ㈱第二海援隊 担当：稲垣・齋藤
TEL：03-3291-6106 ／ FAX：03-3291-6900
URL http://www.dainikaientai.co.jp e-mail info@dainikaientai.co.jp

第五章

大儲けするための準備
——現物株からオプションまで

働き一両、考え五両、見切り千両、無欲万両

（上杉鷹山）

致命的なマイナスからはなんとしても逃げろ！

投資を行なう際に、一番重要なお話をしておこう。それは、「致命的なマイナスを負う可能性があることからは、なんとしても、どんなことをしてでも逃げるべき」ということである。この章では、株式を中心に投資を行なうための準備を解説するわけだが、この「致命的な損から逃げる」ということはすべての投資において率先されるべき鉄則なので、まずここで挙げておく。

投資を行なう際、大抵の人はその投資でどれくらいの収益が出るのかに目を奪われる。もちろん、十分な収益を期待できなければ投資を行なう意味はないためそれ自体はよいのだが、そこで思考停止するとかなり問題である。投資の世界に絶対はなく、収益の陰には必ず〝損失〟という言葉が潜んでいる。

その投資を行なうと最大どのくらいの収益を得られるのかを想定すると同時に、最大どのくらい損失が起こり得るのかをあらかじめ見積もっておくことが重要なのである。

投資のプロになると、収益よりも先に損失から考える人が多いように感じる。

私はかつて〝ヘッジファンド〟という最先端の投資情報を一般の読者向けに提供した日本における第一人者と自負しているが、そのヘッジファンド業界において当時世界最大級であった「マン・グループ社」から初めてファンドの説明を聞いた時のことを今でも覚えている。

コンピュータで管理されたシステム運用を行なうファンドの説明で現在では目新しくはないが、今から二五年くらい前の当時ではかなり画期的な運用スタイルであった。そして、このファンドのプレゼンテーションの時にずっと感心し続けたことがあった。それは、マン社の担当者が懇切丁寧にそのファンドの安全性について説明をしたことだ。「私たちのファンドは、これ以上は損が出ないようにコンピュータできちんと管理している」といった具合にである。そして、期待される収益についてはほとんど触れなかったのである。

今では少なくなっているだろうが、当時の日本の証券会社の営業電話などでは「この株買ったら上がりますよ」といったものがほとんどだったから、この説明は斬新だった。そして、これまで世界中で数多くのプロの投資家に会ってきたが、それらのプレゼンテーションの際に強調されるのはやはりこの、「損失をどれだけ抑えているか」の部分についてであった。そして、口を揃えて「損をしないことの大切さ」を説明してくれるのだ。

投資における損失の程度はいくつかの段階に分けられるが、一番注意すべきは投資額の中で収まるのか、そうではなく投資額を超える損失が起こり得るのか、そのラインであろう。投資額の中で収まるのであれば、持っているものをすべて取られることはあってもそれ以上のことは起きない。

ところが、投資額を超えるとなると話は異なる。投資の世界を退場させられるどころか、多額の借金まで抱えて人生からの退場を余儀なくされてしまうかもしれないのだ。そして、このような恐ろしい取引は実際に存在する。だから、投資する際にその投資における最大損失には、必ず目を向けるべきである。

株式へのお勧め投資アプローチ

株式への投資アプローチはいくつかあるが、代表的なものを上げると「現物株」「信用取引」「ＥＴＦ」（上場投資信託）、「株式を組み入れている投資信託」「ファンド」「外国株」「先物取引」「オプション取引」などであろう。他にも方法はあるがこれくらいで十分だ。

この中から自分に合ったやり方で取り組んでいただければよいのだが、先ほどの投資額を超える損失を出し得る取引が存在しているので要注意である。あなたが投資のプロでなければ、それらの取引は一切触らない方がよい。

その取引とは、「信用取引」「先物取引」そして「オプション取引の〝売り〟」である。それらの投資でもやり方によっては損失を限定する方法もあるが、途端に難易度が高くなるためお勧めしない。少なくともあなたが投資のプロになるまではひとまず控えておいた方がよい。そして、自他共に認める投資のプロになったとしても慢心して油断してはいけない。過去に金融のドリームチームと呼ばれたＬＴＣＭの破綻や、女王陛下の銀行と呼ばれたベアリングを破綻させたトレーダー、ニック・リーソンなどプロの世界でも失敗して破滅の道をたどった例は枚挙にいとまがないのである。

逆に、投資を行なう際に注目してほしいお勧めの方法は「現物株」「外国株」「日経平均などの指数に対するＥＴＦ」、そして「オプション取引の〝買い〟」である。「現物株」や「外国株」は保有中のコストがかからないのでじっくり中長期で投資することが考えられる。今回の書籍のタイトルは日本の株式市場のことであるが、世界を見渡して魅力的な会社が見つかれば「外国株」に手を広げても構わない。「日経平均などの指数に対するＥＴＦ」は保有中のコストはかかるが一般的な投資信託と比べるとわずかなものが多いので、そういったものを選んで中長期投資を行なうのは構わない。

ここで、「ＥＴＦの何が便利か？」といえば、自分で銘柄選びをする必要がないことだ。この本のタイトル通りに日経平均が一〇万円になるのであれば、今が三万円ほどの日経平均が三倍以上上昇することを意味する。個別銘柄ではそれ以上になったり、それ以下になったりするので、銘柄選びが重要になる。ただ、日経平均に連動するETFであれば、日経平均が三倍以上上昇すればETFも同じ効果が得られるのである。銘柄選択に自信があれば個別銘柄を、なければETFを購入することをお勧めする。

そして、もう一つ一般的にあまりなじみがない「オプション取引の〝買い〟」もぜひ検討してみてほしい取引方法だ。というのも、これほどうまく行った時に収益の倍率が大きく期待できる取引は、他に見られないためである。収益性が桁違いに高いのだ。どれくらい違うかと言えば、たとえば一般的な「現物株」が陸上の短距離走で競い合っているようなものだとすると、その中を「オプション取引の〝買い〟」はレーシングカーで突っ走って行くほどの違いがある。

普通の投資先であれば、数日から数週間の短期間で期待できる倍率はわずかである。二、三倍になることは極めてまれなことで、数十％の収益にもなれば大成功と言える。ところが、この「オプション取引の〝買い〟」は二倍、三倍は

お勧め取引

現物株

外国株

日経平均などの指数に対するETF

オプション取引の“買い”

一切触るべきでない取引

信用取引

先物取引

オプション取引の“売り”

まったく珍しいことではなく、大相場がきた時には一〇倍、五〇倍、一〇〇倍という驚くべき倍率を出すこともあり、数年に一度であれば一〇〇〇倍ほどの収益機会があったりする。他の投資方法とでは収益力が桁違いに高いのである。

それでいて、「オプション取引の〝買い〟」の最大損失は投資額に限定されるのである（「オプション取引の〝買い〟」とは、「コール」または「プット」と呼ばれる権利を〝買い〟からスタートし、決済時に〝売り〟を行ない取引終了する行為を指す。「オプション取引の〝売り〟」はその逆で〝売り〟からスタートし、決済時に〝買い〟を行なうのだが、この行為は最大損失が投資額に限定されるわけではないのでまったくお勧めしない）。

だから、この「オプション取引の〝買い〟」とは、損失を限定した上で、誰でも超富裕層の仲間入りができるかもしれないという夢のある取引なのである。しかも、相場が上昇する際には「コール」、反対に下落する際には「プット」と、両方の相場に対応しているので便利である。投資のメインにすることはできないが、最低購入額が一〇〇〇円以上と小口から投資が可能なので、少し試してみることを強くお勧めする。

もちろん、そう簡単に収益を得ることはできないため、真剣に勉強し情報をしっかり取る必要はある。第二海援隊グループでは、「オプション研究会」というオプション取引に特化して情報提供を行なう特殊な会を運営しているので、興味がある人は巻末のお知らせを確認いただきたい。

今やすべてネット、時代に適応すべし

「現物株」「外国株」「日経平均などの指数に対するＥＴＦ」そして、「オプション取引の〝買い〟」。これらお勧めの投資を実際に取引する場合、証券会社を使うことになる。通常は国内の証券会社を使うわけだが、他に外国銀行などで株の購入ができたりするのでそれを一部使う方法もある。特に「外国株」については、海外で購入できるのであればそちらを使った方が面白い。なぜなら、日本の外にある会社を外国にある金融機関から購入するわけで、日本の規制か

ら完全に外れるからだ。つまり、カントリーリスクの分散というわけだ。

私は常々、日本国の財政問題から起こるであろう将来の国家破産について警鐘を鳴らし、その対策を長らく研究し続けているわけだが、この「外国株」を海外で購入という方法は国家破産対策の一つとして有効な手段と言える。

さて、本題に戻ると一般的に国内の証券会社を使って取引するわけだが、その際ぜひ活用いただきたいものがある。それは、「ネット証券」である。今世紀に入ってから、インターネットは極めて便利な存在で、使えた方が明らかによい存在だったわけだが、今や使うことが当たり前の必須の存在になっている。特にコロナ後の世界では、オンライン授業やオンラインミーティングなどインターネットが欠かせない状態になっているのだ。

そして、証券会社においても近年ネット証券での口座開設数が急増している。国内最大手のネット証券会社である「ＳＢＩ証券」は、そのグループ会社である「ＳＢＩネオモバイル証券」を合わせた口座数で二〇二〇年三月末時点で五四二・八万口座となり、それまで最大だった野村證券を抜いて国内最大となったと報道された。今や、ネット証券の方が主流になりつつあるのである。

ネット証券が選ばれる理由は、やはり手数料の安さと取引が自由にできるというお手軽さのメリットが大きいためであろう。ネット証券の魅力はそれだけではない。取引の幅が広く「現物株」はもちろんのこと「外国株」や「日経平均などの指数に対するＥＴＦ」そして、「オプション取引の〝買い〟」と、先ほどのお勧めの取引をすべてできるのである。特に「オプション取引の〝買い〟」は原則ネット証券の活用が必要で、よほど証券会社にコネがなければ既存の証券会社において店舗での注文は受けてくれないのである。だから、これまでネット証券を使ってこなかった人も、これを機会に口座開設してみてほしい。最初は慣れないかもしれないが、一ヵ月も練習すれば誰でもできるようになる。

かく言う私も、その一人だ。私もオプション取引を行なうためにネット証券に口座開設し、ｉＰａｄを用意して取引を行なっている。それまではまったくパソコンに触ったこともなかったにも関わらず、一ヵ月基本動作を練習しただけで今では何の苦もなく取引ができている。他に、「ＬＩＮＥ」を始めた。社員へはLINEのボイスメッセージを利用し、瞬時に指示を飛ばしたりしている。メールや文章のタイプは今でも行なっておらず、それらは秘書にすべて任せている。

要は、ポイントだけ押さえて必要な分だけインターネットを活用すればよいのである。よほどご年配の方でなければ、難なくマスターできるはずだ。

ただ、少しここで、特に初めて使われる人にネット証券のデメリットと呼ぶべき注意事項を伝えておこう。それは、ネット証券は原則すべてをインターネット上で行なうということだ。当たり前のことなのだが、不明な点が出てきた時に電話で確認しようとされる人が意外と多い。ネット証券の場合には、先方への問い合わせもネット上というわけで、電子メールでのやりとりが基本になる。また、情報セキュリティ対策を疎かにしてしまうと、ウイルスに感染してシステムに問題が発生したり、不正アクセスによって情報が流出したりといった被害が発生する可能性がある。その被害を防ぐために、ウイルス対策ソフトを入れたり、心当たりのないファイルをむやみに開かないなどの情報セキュリティ対策には常に気を付ける必要がある。

このような説明をすると、「だったら、今更ネットなんか使わない」という声が聞こえてきそうだが、そういうわけにはいかない。すでにネットが必須の時代になっているわけで、これからその傾向はますます高くなるはずである。時代が逆戻りすることは、考えられないのだ。だからネットの扱いに慣れない人の場合には、身近にそういった知識に長けている人を置いておくべきである。

そして、そういった人を頼りながらマスターして行くのだ。

投資は戦略的に行なう

投資対象を決めてネット証券の口座を開設したら、いよいよ投資を開始するわけだが、ここで戦略的に投資を行なうことを心がけよう。会社で定年を迎え手にした多額の退職金を証券会社に言われるがまま投資を行ない、投資対象が値下がりし散々な目に遭ったという話を聞いたことがある。これは、戦略的とはかけ離れた行き当たりばったりの投資であり、まったく残念な投資行動である。

また、「なんとなく上がりそうだから買った（または売った）」も戦略的とはまったく言えない。運が良ければそれでもプラス収益を得られるのだろうが、それで継続的にプラス収益を出せるとは決して思わない。

では、戦略的に投資を行なうにはどうすればよいのか。これからいくつかのポイントを解説しながら、いかに戦略的に投資を行なうのかについて考えて行こう。

①自分の保有している資産を常に把握する

投資を行なう上で、最初に知るべきは投資に使うことができる金額である。それには、まず自分が資産をどれくらい保有しているのかを把握する必要がある。銀行のように一円単位でしっかり合わせる必要はないが、いわゆるどんぶり勘定では困る。

全体の資産が一〇〇〇万円以下の規模であれば、一万円単位でどこにどれくらいの資産があるのかを手帳やノートに書きだしておくのがよい。全体の資産が一〇〇〇万円を超える場合は、一〇万円単位で資産を書き出しておくのがよい。そして随時見るようにしておき、月ごとにその金額を手直しして常に自分の資産を把握しておくのである。その上で、自分の投資に回すことができる金額がどれくらいかを考えるのだ。

②初期投資で練習しながらしっかり習熟する

自分が投資できる金額を考えたら、今度は投資先のことを知ろう。それぞれ最低限の基礎知識は取引前に身に付けておく必要がある。すでにインターネットを活用できるようになっているはずだから、知識はネット検索で得ても構わない。その上で最低限の知識が身に付いたら、初めは少額で取り組んでみるのが手っ取り早い。知識だけ身に付けるのと、実際にやってみるのとではかなり習熟度に違いが出てくる。

そして、欲を言えばその初期投資の部分で、手痛い失敗があればなおよい。

投資の世界において、全戦全勝は存在しない。だから、本番の投資を行なう前の練習において負ける経験はぜひしておきたい。それをすることで、その投資対象についての理解も深まるだろうし、自分の損に対する考え方がわかってくるはずだ。そして、それ以外に取引手数料や取引時間など実際の取引に必要なことが明らかになるはずだ。

ちなみに、その初期投資を行なう部分は投資できる金額の五%以内で行なうことをお勧めする。最悪ゼロになっても構わない資金で積極的に投資を行ない、特徴をしっかり掴むのである。

③出口をあらかじめ想定しておく

よく勘違いする人がいるが、投資を行なって満足してはいけない。投資した資金を回収するまでが一連の流れである。だから、投資を行なう際にあらかじめ出口戦略を立てておく必要がある。投資期間をどれくらいで考えるのか。その間にどれくらいの収益を期待するのか。またはどれくらいの損を覚悟しておくのか。この収益の期待は、益出しのタイミングとして明確に決めておくのがよい。何パーセント上昇したら益出しを行なうために売却するかを決めたり、またはパーセントで区切らず、保有期間を経過したら売却するのでも構わない。

そして、益出しのタイミングよりも重要なのは損を覚悟する方だ。つまり、損切りのタイミングは絶対に決めておくべきだ。何パーセント下がったら損切りをするかを決める。または、こちらもパーセントで区切らず、保有期間をすぎたら売却するのでも構わない。そして、一度決めた出口は原則守ることが重要だ。たとえば、投資したもので大きくマイナスが出ていたらしばらく置いておきたくなるのが人情である。しかし、投資時に決めた損切りラインに到達したのであれば、これは思い切って売却するべきなのである。そこで損切りのラインを下げたりすると、さらに価格が下がり気づいた時には目も当てられない状態で、やむなく塩漬けにする他ないといったことはよく聞く話だ。

④保有期間による取引スタイル

投資は、その対象によってその取り組み方がまったく異なるが、実は同じ投資対象であっても保有期間によってやはり取り組み方はまったく異なる。だから、保有期間別に名称が付けられ区別されている。頻度が短いものから、①HFT（ハイ フリークエンシー トレード）、②スキャルピング、③デイトレード、④スイングトレード、⑤中期投資、⑥長期投資、⑦超長期投資の七つに分けられる。そして、投資を専属で行なうのでなければ①～③までの取引は気にしなくてもよい。取り組むべきは④～⑦の取引である。

一応、それぞれ保有期間を確認しておくと、①HFTは日本語で「超高速取引」「高頻度取引」と呼ばれ、一秒間に何回も高頻度で売買注文を繰り返し、瞬時に発生するわずかな値幅を何度も取引することで収益を積み重ねることを狙う。コンマ何秒の世界での取引で、一部のヘッジファンドが得意とする方法で個人では到底無理な取引である。②スキャルピングは数秒～数分の極端に短い間で何度も取引を繰り返す。HFTほどではないが、やはりわずかな収益を積みかさねようとする。③のデイトレードの保有期間は数時間ほどで、一日のうちにポジションを取り、その日のうちのポジションを解消する。①はそもそも個人には無理だし、②と③はずっと相場に張り付いている必要があるので他に仕事を抱えていたとするとまずできない。

次に④スイングトレードの保有期間は数日～数週間と、このトレードからようやく日にちを超えた取引になる。⑤中期投資は保有期間が半年～数年の取引で、⑥長期投資は数年～一〇年の保有期間、それを超える保有期間の場合は、⑦超長期投資となる。

保有期間が長ければ長いほど、期待収益を大きく見積もることができる。たとえば一日で株価二倍はかなり難易度が高いが、一ヵ月で二倍であればたまに起こったりする（日本の市場ではストップ高があるため一日で二倍にはなりようがないが、アメリカの市場ではストップ高がないため一日で二倍、三倍になることもある。そのような基礎知識は「②初期投資で練習しながらしっかり習熟する」で身に付けておくべきことである）。だから、期待収益や損切りラインを決める際に「保有期間」を同時に考えることになるわけだ。

⑤勝ちパターンを見つけておく

投資を行なう上で何らかの勝ちパターンを見つけておくことが重要だ。その際、勝率は関係ない。一〇回投資して一勝九敗でもトータルでプラスになっていればよいのである。逆に、九勝一敗でも一敗の損が大きすぎてトータルで損になるのではいけない。もちろん、収益も損も小さくしコツコツ勝率を高めて六勝四敗でトータルでプラスにしてもかまわない。どういう勝率であれ、トータルでプラスに持って行くことが大事なのだ。そして、そのトータルでプラスになる行為を継続することでドンドン収益を積み上げるのである。

さて、肝心の勝ちパターンだがこれは独自の分析によって自分で探し出してもよいし、それが難しければ収益を挙げている他の投資家に相乗りでもよい。独自で分析する際には、企業の財務分析を重視したファンダメンタル分析や、価格の動きを分析するチャート分析などが挙げられる。他にも、日々の新聞を細かな部分まで丹念に読み込み経済の大きな動きからアプローチをかける方法もある。あまり知られていない法則性を研究する方法もありだ。どんな方法でも、自分に合ったものを選べばよい。要は、プラス収益を出すことができればよいのである。

ただ、ここで「言うは易く、行なうは難し」で、そのような勝利を呼び込む独自の方程式を身に付けることができるのは、ほんの一握りに限られるだろう。残りの大半の投資家は、その手がかりを見つけることすら困難である。

では、どうしたらよいのか。ここでお勧めしたいのは、人真似である。成功している投資家の行動パターンを研究し、スタイルを真似てみるのである。少し後追いで、まったく同じ銘柄に投資する方法も考えられる。これが意外に馬鹿にできず、この人真似の投資方法で十分な収益を挙げている投資家も存在しているぐらいだ。

ここまでが投資を戦略的に行なうためのポイントであるが、他にも投資を行なう上で注意すべきポイントがあるので、二つ触れておこう。

一つ目は、投資は心理戦の要素が強いことに十分注意する。相場の上下は、買う人の勢いが強ければ上がり、売る人の勢いが強ければ下がるのである。いくらボロボロに見える株でもみんなが買えば上がり、反対にピカピカに輝くような業績の銘柄でもみんなが売れば下がるのである。

人の投資行動が相場を動かしているわけだから、そこには参加している人の心理戦が常に繰り広げられている。心理戦では動揺した人が不利になるから、ちょっとしたことでは動じない強い心を持つべきだ。相場は、たまに考えてもいないような動きを見せるが、そういった時にパニックになってはいけない。

そしてもう一つは、環境の変化に合わせて投資スタイルを変化させるということだ。投資を行なう上で、勝ちパターンを見つけ継続するなど投資スタイルを確立させることは重要である。

ただ、その方法が未来永劫有効とは限らない。大なり小なり期間の差はあるが、ほとんどの場合はしばらくするとその有効であった投資スタイルが機能しなくなる。それは相場環境の変化であったり、扱う金額の変化であったりする。

たとえば、一〇万円で投資を行なう人と一〇〇〇万円で投資を行なう人では投資スタイルは異なるはずだ。では、一〇万円で投資をスタートした人が順調

投資を戦略的に行なうためのポイント＋α

① 自分の保有している資産を常に把握する

② 初期投資で練習しながらしっかり習熟する

③ 出口をあらかじめ想定しておく

④ 保有期間による取引スタイル

⑤ 勝ちパターンを見つけておく

⑥ 投資は心理戦の要素が強いことに十分注意する

⑦ 環境の変化に合わせて投資スタイルを変化させる

に成功を重ね、投資資金を一〇〇〇万円に殖やすことができたとすると、やはり投資スタイルが同じままだと無理が生じるのである。だから、環境の変化などに合わせて調整を加えながら、投資スタイルは変化させる必要がある。そうすることで、長期で継続的に勝ち続けることができるのである。

特殊な情報こそ命——アンテナを高く張ろう

投資の世界において、ほぼ必ず儲かる取引があるのをご存じだろうか。それは、「インサイダー取引」である。たとえば、株価五〇〇円の企業が六〇〇円で買収されるという情報があれば、前もって五〇〇円で大量に購入しておけばよいのである。

もちろん、こういった情報は一般の投資家向けに事前に出てくることはない。その買収を知っている関係者がそのような取引をすれば、法律違反となり罰金や懲罰に問われる。だから、インサイダー取引をするわけにはいかないが、この「ほぼ、必ず儲かる取引」というところがポイントである。確率にすると、一〇〇％に近い九九％くらいだろうか。流石にここまでは難しいだろうが、いかにこの確率の高い取引を見つけることができるかが勝利への道であろう。

　そして自分で分析を行なわないのであれば、そういった取引を行なうための情報をどこからか仕入れてくる必要がある。そのような特殊な情報を仕入れるためには、アンテナを高くしておくことが重要であるが、一つ情報収集にお勧めの媒体をご紹介しよう。それはSNSであり、その中でも「ツイッター」(Twitter)をお勧めしておこう。「ツイッター」の情報は基本無料で情報の質は玉石混淆であるが、情報の伝達スピードは他のメディア媒体よりも圧倒的に早く、ほぼリアルタイムで入ってくる。そのため、今や株式投資を行なう上で必須のアイテムになりつつある。情報の真偽確認は必要だが、優れた情報だけを入手する方法もある。それは、著名投資家などが行なっている「ツイッター」から情報を入手すればよい。しかも一人だけではなく、複数名から情報を入手し情報の裏取りをするのである。そうしておけば、信頼できる確かな情報をいち早く入手することができるのである。

そしてもう一つ、そういった著名投資家が時折ツイッター上で発信する情報は、そのまま投資を行なう上でヒントになったりする。実は、こういった著名投資家の人は投資を確率で捉えていることが多いため、参考になる。この、「投資を確率で捉える」というのは、重要な概念である。いかに高い確率の取引ができるかにこだわり、それを継続して行くのである。実は、第二海援隊グループでも株式投資を確率から捉えて行なう重要性に注目し、「㊙株情報クラブ」「ボロ株クラブ」という二つのクラブを新しく創設した。巻末のお知らせを入れているので、興味がある人は確認いただきたい。

いずれにしても今、私たちは株式投資を行なう絶好の機会の最中にいる。そういった中で、早く勝ちパターンを見つけて株で大いに資産を殖やしてほしい。もし、勝ちパターンが見つからないというのであれば、第二海援隊グループがすでに運営中の「日米成長株投資クラブ」や新しく創設する「㊙株情報クラブ」「ボロ株クラブ」を頼ってほしい。

エピローグ

投資で成功するカギは自分自身に内在する

（グレアム）

「株」で資産を倍増させるために

コロナ禍で大騒ぎしていた二〇二〇年に、世界の超富裕層たちは資産を減らすどころか一〜二割も殖やしたという。

その手段は、「株」だ。私たちもそれにならって彼らの後に続こう。そのためには多少勉強し、努力することも必要だ。

今やIT、とりわけネット取引は必須だ。「iPad」あるいは「iPhone」一台あれば何でもできる。「高齢者」と言われるあなたも、やる気になればできる。自分の人生を変え、老後資金を倍増させ、誰もが羨むシルバーライフを楽しむために株を有効に使おう。チャンスは無限だ。

そのためにはちゃんとした基礎知識、基礎教育は重要だ。それについては次ページ以降をじっくり読んでいただきたい。私は、皆さんの未来のために、老後のためにできる限りの支援をして行きたいので、本書を基にチャンスを掴んでいただきたい。
勝利の女神が皆さんの頭上に降臨されることを祈ってペンを置きたい。

二〇二一年四月吉日

浅井　隆

■今後、『あなたが知らない恐るべき再生医療』『コロナでついに国家破産』『瞬間30％の巨大インフレがもうすぐやってくる!!』（すべて仮題）を順次出版予定です。ご期待下さい。

浅井隆からの重要なお知らせ

——恐慌および国家破産を勝ち残るための具体的ノウハウ

株で資産を作れる時代がやってきた！二つの株投資クラブのご案内

◆「㊙（まるひ）株情報クラブ」

「㊙株情報クラブ」は、普通なかなか入手困難な日経平均の大きなトレンド、現物個別銘柄についての特殊な情報を少人数限定の会員制で提供するものです。しかも、「ゴールド」と「シルバー」の二つの会があります。目標は、提供した情報の八割が予想通りの結果を生み、会員様の資産が中長期的に大きく殖えることです。そのために、日経平均については著名な「カギ足」アナリストの川上明氏が開発した「T１システム」による情報提供を行ないます。川上氏はこれまでも多くの日経平均の大転換を当てていますので、これからも当クラブに入会された方の大きな力になると思います。

また、その他の現物株（個別銘柄）については短期と中長期の二種類に分けて情報提供を行ないたいと思います。短期については川上明氏開発の「T14」「T16」という二つのシステムにより日本の上場銘柄をすべて追跡・監視し、特殊な買いサインが出ると即買いの情報を提供いたします。そして、買った値段から一〇%上昇したら即売却していただき、利益を確定します。この「T14」「T16」は、これまでのところ当たった実績が九八%という驚異的なものとなっております（二〇一五年一月～二〇二〇年六月におけるシミュレーション）。

さらに中長期的銘柄としては、浅井の特殊な人脈数人および第二海援隊の一〇〇%子会社である㈱日本インベストメント・リサーチの専任スタッフが選び抜いた日・米・中三ヵ国の成長銘柄を情報提供いたします。特に、スイス在住の市場分析・研究家、吉田耕太郎氏の銘柄選びには定評があります。ここに、吉田氏が選んだ三つの過去の銘柄の実績を上げておきたいと思います。

まず一番目は、二〇一三年に吉田氏が推奨した「フェイスブック」。当時二七ドルでしたが、それが最近二六七ドルになっています。つまり、七～八年で一〇倍というすさまじい成績を残しています。二番目の銘柄としては、「エヌビディア」です。こちらは二〇一七年、一〇〇ドルの時に推奨し、現在五〇〇ドル超となっていますので、四年で五倍以上です。さらに三番目の銘柄の「アマゾン」ですが、二〇一六年、七〇〇ドルの時に推奨し、現在三二〇〇ドル超です。こちらは五年で四・五倍です。こういった銘柄を中長期的に持つということは、皆さんの財産形成において大きく資産を殖やせるものと思われます。

そこで、「ゴールド」と「シルバー」の違いを説明いたしますと、「ゴールド」は小さな銘柄も含めて年四～八銘柄を皆さんに推奨したいと考えております。これはあくまでも目標で年平均なので、多い年と少ない年があるのはご了承下さい。「シルバー」に関しては、小さな銘柄（売買が少なかったり、上場されてはいるが出来高が非常に少ないだけではなく時価総額も少なくてちょっとしたお金でも株価が大きく動く銘柄）は情報提供をいたしません。これは、情報提供をするとそれだけで上がる危険性があるためです（「ゴールド」は人数が少ないので小さな銘柄も情報提供いたします）。そのため、「シルバー」の推奨銘柄は年三～六銘柄と少なくなっております。

「ゴールド」はまさに少人数限定二〇名のみ、「シルバー」も六〇名限定となっております。「シルバー」は二次募集をする可能性もあります。

クラブの開始時期ですが、すでに情報提供候補の銘柄がいくつかございますので、数名集まり次第即時スタートと考えております。

なお、二〇二一年五月二九日に無料説明会（「㊙株情報クラブ」「ボロ株クラブ」合同）を第二海援隊隣接セミナールームにて開催いたします。ぜひご出席下さい。出席できない方にはCDを二〇〇〇円（送料込み）にてお送りしますのでお問い合わせ下さい。

皆さんの資産を大きく殖やすという目的のこの二つのクラブは、皆さんに大変有益な情報提供ができると確信しております。奮ってご参加下さい。

詳しいお問い合わせ先は㈱第二海援隊「㊙株情報クラブ」担当まで。

ＴＥＬ：〇三（三二九一）七二九一　ＦＡＸ：〇三（三二九一）七二九二

Ｅメール：info@nihoninvest.co.jp

◆「ボロ株クラブ」

ご存じのように、新型コロナウイルス蔓延による実体経済の落ち込みとは裏腹に、世界中で株高となっております。アメリカ、ドイツ、韓国、台湾、インドなどの株式市場では、二〇二〇年三月のコロナショック以降に史上最高値の更新が相次ぎました。こうした現象は、全世界で二〇兆ドル以上ともされる刺激策に裏打ちされていると言ってよいでしょう。

コロナショック以降の株高により、世界中で前代未聞とも言える個人投資家の株ブームが巻き起こっています。背景には、「将来への不安」「現金からの逃避」(インフレ対策)といった事情があると報じられています。二〇二〇年に世界のM2(現金や預金)は、過去一五〇年で最大の増加を示したという分析がなされています。第二次世界大戦後の刺激策よりも多くのお金が氾濫していると言ってよいでしょう。

こうした事情により、昨今の株ブームは一過性のものではない(想像しているより長期化する可能性が高い）と第二海援隊グループでは見ています。そこで読者の皆さんにおかれましても従来の海外ファンドに加えて株でも資産形成をしていただきたく思い、新たに二つの株に特化した情報サービス（会員制クラブ）を創設することになりました。

その一つが、「ボロ株クラブ」です。「ボロ株」とは、主に株価が一〇〇円以下の銘柄を指します。何らかの理由で売り叩かれ、投資家から相手にされなくなった〝わけアリ〟の銘柄もたくさんあり、決して証券会社の営業マンがお勧めすることもありません。しかし、私たちはそこにこそ収益機会があると確信しています。

現在、〝上がっている株〟と聞くと多くの方は成長の著しいアメリカのICT（情報通信技術）関連の銘柄を思い浮かべるのではないでしょうか。事実として、アップルやFANG（フェイスブック、アマゾン、ネットフリックス、グーグル）、さらには大手EVメーカーのテスラといったICT銘柄の騰勢は目を見張るほどです。しかし、こうした銘柄はすでに高値になっているとも考えられ、ここから上値を追いかけるにはよほどの〝腕〟が求められることでしょう。
「人の行く裏に道あり花の山」という相場の格言があります。「人はとかく群集心理で動きがちだ。いわゆる付和雷同である。ところが、それでは大きな成功は得られない。むしろ他人とは反対のことをやった方が、うまく行く場合が多い」とこの格言は説いています。

すなわち、私たちはなかば見捨てられた銘柄にこそ大きなチャンスが眠っていると考えています。実際、「ボロ株」はしばしば大化けします。事実として先に開設されている「日米成長株投資クラブ」で情報提供した低位株（「ボロ株」を含む株価五〇〇円以下の銘柄）は二〇一九～二〇二〇年に多くの実績を残しました。

ブルームバーグは二〇二一年初頭に、「日本の小型株が世界の株高の波に乗れていない」と報じています。すでに世界では誰もが知るような大型株（値嵩株）からニッチな小型株に投資家の資金がシフトしていますが、日本の小型株は取り残されているというわけです。日本の小型株が出遅れているということはある意味で絶好のチャンスだと言えます。いずれ日本の小型株にも資金ローテーションの順番がくるという前提に立てば、今こそ仕込み時なわけです。

もちろん、やみくもに「ボロ株」を推奨して行くということではありません。弊社が懇意にしている「カギ足」アナリスト川上明氏の分析を中心に、さらには同氏が開発した自動売買判断システム「ＫＡＩ―解―」からの情報も取り入れ、短中長期すべてをカバーしたお勧めの取引（銘柄）をご紹介します。

構想から開発までに十数年を要した「ＫＡＩ」には、すでに多くの判断システムが組み込まれていますが、「ボロ株クラブ」ではその中から「Ｔ８」というシステムによる情報を取り入れようと検討しています。Ｔ８の戦略を端的に説明しますと、「ある銘柄が急騰し、その後に反落、そしてさらにその後のリバウンド（反騰）を狙う」となります。

川上氏のより具体的な説明を加えましょう――「ある銘柄が急騰すると、利益確定に押され急落する局面が往々にしてあるが、出遅れ組の押し目が入りやすい。すなわち、急騰から反落の際には一度目の急騰の際に買い逃した投資家の買いが入りやすい」。過去の傾向からしても、およそ七割の確率でさらなるリバウンドが期待できるとのことです。そして、リバウンド相場は早く動くことが多いため、投資効率が良くデイトレーダーなどの個人投資家にとってはうってつけの戦略と言えます。

川上氏は、生え抜きのエンジニアと一緒に一九九〇年〜二〇一四年末までのデータを使ってパラメータ（変数）を決定し、二〇一五年一月四日〜二〇二〇年五月二〇日までの期間で模擬売買しています。すると、勝率八割以上という成績になりました。一銘柄ごとの平均リターンは約五％強ですが、「ボロ株クラブ」では、「Ｔ８」の判断を基に複数の銘柄を取引することで目標年率二〇％以上を目指します。

さらには、「Ｐ１」という判断システムを川上氏が開発中です。これは、ある銘柄が「ボロ株」（一〇〇円未満）に転落した際、そこから再び一〇〇円以上に戻る確率が高いであろうという想定に基づき開発しているシステムです。現在は未完成の段階ですが、早い時期のリリースが見込まれます。

これら情報を複合的に活用することで、年率四〇％も可能だと考えています。年会費も第二海援隊グループの会員の方にはそれぞれ割引サービスをご用意しております。

詳しくは、お問い合わせ下さい。また、「ボロ株」の「時価総額や出来高が少ない」という性質上、無制限に会員様を募ることができません。一〇〇名を募集上限（第一次募集）とします。

詳しいお問い合わせ先は㈱第二海援隊「ボロ株クラブ」担当まで。

TEL：〇三（三二九一）七二九一　FAX：〇三（三二九一）七二九二

Eメール：info@nihoninvest.co.jp

◆「㊙株情報クラブ」＋「ボロ株クラブ」無料合同説明会

「㊙株情報クラブ」「ボロ株クラブ」に興味をお持ちの方や、どちらのクラブが自分に合っているのか迷っていて各クラブについて詳しく知りたい方を対象として『「㊙株情報クラブ』＋『ボロ株クラブ』無料合同説明会」を開催いたします。（内容：㊙株情報クラブ、ボロ株クラブの詳細。インフレ対策の重要性。なぜ株で資産形成が必要なのか。川上明氏による「ＫＡＩ－解－」システムのご紹介）必ずご予約の上、ご来場下さい。詳しいお問い合わせ先は、㈱第二海援隊まで。

日時：二〇二一年五月二九日（土）一三時より

場所：第二海援隊隣接セミナールームにて

定員：八〇名（予約制。ただし、新型コロナウイルス感染症対策のため緊急事態宣言が発出されていた場合には半数の四〇名となる場合もあります）。

詳しいお問い合わせ先は㈱第二海援隊「㊙株情報クラブ」「ボロ株クラブ」担当まで。

ＴＥＬ：〇三（三二九一）七二九一　　ＦＡＸ：〇三（三二九一）七二九二

Ｅメール：info@nihoninvest.co.jp

◆「日米成長株投資クラブ」

「コロナショック」とその後の世界各国の経済対策によって、世界の経済は「大インフレ時代」に向かいつつあります。それに先んじて、株式市場はすでに「コロナバブル」というよりも「株インフレ」と形容すべきトレンドに突入した感があります。こうした時代には、株式が持つ価格変動リスクよりも、株を持たないことによるインフレリスクにより警戒すべきです。

また、これから突入する「激動と混乱」の時代には、ピンチとチャンスが混然一体となってやってきます。多くの人たちにとって混乱とはピンチですが、「資産家は恐慌時に生まれる」という言葉がある通り、トレンドをしっかりと見極め、適切な投資を行なえば資産を増大させる絶好の機会ともなり得ます。

浅井隆は、そうした時代の到来に先んじて二〇一八年から「日米成長株投資クラブ」を立ち上げ、株式に関する情報提供、助言を行なってきました。クラブの狙いは、株式投資に特化しつつも経済トレンドの変化にも対応するという、他にはないユニークな情報を提供する点です。現代最高の投資家であるウォーレン・バフェットとジョージ・ソロスの投資哲学を参考として、割安な株、成長期待の高い株を見極め、じっくり保有するバフェット的発想と、経済トレンドを見据えた大局観の投資判断を行なって行くソロス的手法を両立することで、大激動を逆手に取り、「一〇年後に資産一〇倍」を目指します。

経済トレンド分析には、私が長年信頼するテクニカル分析の専門家、川上明氏による「カギ足分析」を主軸としつつ、長年多角的に経済トレンドの分析を行なってきた浅井隆の知見も融合して行きます。川上氏のチャート分析は極めて強力で、たとえば日経平均では二八年間で約七割の驚異的な勝率を叩き出しています。

また、個別銘柄については発足から二〇二一年三月までに延べ三〇銘柄程度を情報提供してきましたが、多くの銘柄で良好な成績を残し、会員の皆様に収益機会となる情報をお届けすることができました。これらの銘柄の中には、低位小型株から比較的大型のものまで含まれており、中には短期的に連日ストップ高を記録し数倍に大化けしたものもあります。

会員の皆様には、こうした情報を十分に活用していただき、当クラブにて大激動をチャンスに変えて大いに資産形成を成功させていただきたいと考えております。ぜひこの機会を逃さずにお問い合わせ下さい。サービス内容は以下の通りです。

1．浅井隆、川上明氏（テクニカル分析専門家）が厳選する国内の有望銘柄の情報提供
2．株価暴落の予兆を分析し、株式売却タイミングを速報
3．日経平均先物、国債先物、為替先物の売り転換、買い転換タイミングを速報
4．バフェット的発想による、日米の超有望成長株銘柄を情報提供

詳しいお問い合わせは「㈱日本インベストメント・リサーチ」
TEL：〇三―三二九一―七二九一　FAX：〇三―三二九一―七二九二
Eメール：info@nihonivest.co.jp

◆「オプション研究会」

「コロナ恐慌」の到来によって、世界はまったく新たな激動の局面に突入しました。この深刻な危機に対し、世界各国で「救済」という名のバラ撒きが加速しています。しかしながら、これは「超巨大恐慌」という私たちの想像を絶する怪物を呼び寄せる撒き餌に他なりません。この異形の怪物は、日頃は鳴りを潜めていますが、ひとたび登場すれば私たちの生活を完膚なきまでに破壊し、資産を根こそぎ奪い去るだけに留まりません。最終的には国家すら食い殺し、破綻させるほどに凶暴です。そして、次にこの怪物が登場した時、その犠牲の筆頭となる国は、天文学的な政府債務を有する日本になるでしょう。

このように、国家破産がいよいよ差し迫った危機になってくると、ただ座していただけでは資産を守り、また殖やすことは極めて難しくなります。これからは様々な投資法や資産防衛法を理解し、必要に応じて実践できるかが生き残りのカギとなります。つまり、投資という武器をうまく使いこなすことこそが、激動の時代の「必須のスキル」となるのです。

しかし、考え方を変えれば、これほど変化に富んだ、そして一発逆転すら可能な時代もないかもしれません。必要なスキルを身に付け、この状況を果敢に乗りこなせば、大きなチャンスを手にすることもできるわけです。積極的に打って出るのか、はたまた不安と恐怖に駆られながら無為に過ごすのかは、「あなた次第」なのです。

現代は、実に様々な投資を誰でも比較的容易に実践することができます。しかしながら、それぞれの投資方法には固有のカンどころがあり、また魅力も異なります。戦国の世には様々な武器がありましたが、それらの武器にもカンどころや強みが異なっていたのとまさに同じというわけです。そして、これから到来する恐慌・国家破産時代において、最もその威力と輝きを増す「武器」こそが「オプション取引」というわけです。本書でも触れている「オプション取引」の魅力を今一度確認しておきましょう。

・非常に短期(数日~一週間程度)で数十倍~数百倍の利益を上げることも可能

・「買い建て」取引のみに限定すれば、損失は投資額に限定できる
・恐慌、国家破産などで市場が大荒れするほどに収益機会が広がる
・最低投資額は一〇〇〇円（取引手数料は別途）
・株やＦＸと異なり、注目すべき銘柄は基本的に「日経平均株価」の動きのみ
・給与や年金とは分離して課税される（税率約二〇％）

もちろん、いかに強力な「武器」でも、うまく使いこなすことが重要です。

もしあなたが、これからの激動期に「オプション取引」で挑んでみたいとお考えであれば、第二海援隊グループがその習熟を「情報」と「助言」で強力に支援いたします。二〇一八年一〇月に発足した「オプション研究会」では、オプション取引はおろか株式投資など他の投資経験もないという方にも、道具の揃え方から基本知識の伝授、投資の心構え、市況変化に対する考え方や収益機会の捉え方など、初歩的な事柄から実践に至るまで懇切丁寧に指導いたします。これからの「恐慌経由、国家破産」というピンチをチャンスに変えようという意欲がある方のご入会を心よりお待ちしています。

㈱日本インベストメント・リサーチ「オプション研究会」担当 山内・稲垣・関
TEL：〇三（三二九一）七二九一　FAX：〇三（三二九一）七二九二
Eメール：info@nihoninvest.co.jp

◆「オプション取引」習熟への近道を知るための「セミナーDVD・CD」発売中

「オプション取引」の習熟を全面支援し、また取引に参考となる市況情報なども提供する「オプション研究会」。その概要を知ることができる「DVD・CD」を用意しています。

■「オプション研究会 無料説明会 受講DVD／CD」■

浅井隆自らがオプション投資の魅力と活用のポイントについて解説し、また専任スタッフによる「オプション研究会」の具体的内容を説明した「オプション研究会 無料説明会」（二〇一八年一二月一五日開催）の模様を収録したDVD・CDです。「浅井隆からのメッセージを直接聞いてみたい」「オプション研究会への理解を深めたい」という方は、ぜひご入手下さい。
「オプション研究会 無料説明会 受講DVD／CD」（約一六〇分）
価格　DVD　三〇〇〇円（送料込）　CD　二〇〇〇円（送料込）
※お申込み確認後約一〇日で代金引換にてお届けいたします。
DVD・CDに関するお問い合わせは、「㈱日本インベストメント・リサーチ オプション研究会担当」まで。
TEL：〇三（三二九一）七二九一　FAX：〇三（三二九一）七二九二
Eメール：info@nihoninvest.co.jp

厳しい時代を賢く生き残るために必要な情報収集手段

私が以前から警告していた通り、今や世界は歴史上最大最悪の約三京円という額の借金を抱え、それが新型コロナウイルスをきっかけとして二、三年以内に大逆回転しそうな情勢です。中でも日本国政府の借金は先進国中最悪で、この国はいつ破産してもおかしくない状況です。そんな中、あなたと家族の生活を守るためには、二つの情報収集が欠かせません。

一つは「国内外の経済情勢」に関する情報収集、もう一つは国家破産対策としての「海外ファンド」や「海外の銀行口座」に関する情報収集です。これらについては、新聞やテレビなどのメディアやインターネットでの情報収集だけでは十分とは言えません。私はかつて新聞社に勤務し、以前はテレビに出演をしたこともありますが、その経験から言えることは「新聞は参考情報。テレビはあくまでショー（エンターテインメント）」だということです。インターネットも含め、誰もが簡単に入手できる情報でこれからの激動の時代を生き残って行くことはできません。

皆さんにとって、最も大切なこの二つの情報収集には、第二海援隊グループ（代表：浅井隆）が提供する特殊な情報と具体的なノウハウをぜひご活用下さい。

◆〝恐慌および国家破産対策〟の入口

「経済トレンドレポート」

電子版も好評配信中！

皆さんに特にお勧めしたいのが、浅井隆が取材した特殊な情報をいち早くお届けする「経済トレンドレポート」です。今まで、数多くの経済予測を的中させてきました（例：二〇一九年七月一〇日号「恐慌警報第1弾！　次にやってくる危機は、リーマン・ショック以上の大災害の可能性」、二〇二〇年二月二〇日号「恐慌警報第8弾！　やはり2020年はとんでもない年になる!?」）。

そうした特別な経済情報を年三三回（一〇日に一回）発行のレポートでお届けします。初心者や経済情報に慣れていない方にも読みやすい内容で、新聞やインターネットに先立つ情報や、大手マスコミとは異なる切り口からまとめた情報を掲載しています。

さらにその中で、恐慌、国家破産に関する『特別緊急警告』『恐慌警報』『国家破産警報』も流しております。「激動の二一世紀を生き残るために対策をしなければならないことは理解したが、何から手を付ければよいかわからない」「経済情報をタイムリーに得たいが、難しい内容にはついて行けない」という方は、最低でもこの経済トレンドレポートをご購読下さい。年間、約三万円で生き残るための情報を得られます。また、経済トレンドレポートの会員になられますと、当社主催の講演会など様々な割引・特典を受けられます。

詳しいお問い合わせ先は、㈱第二海援隊まで。

■第二海援隊連絡先

TEL：〇三（三二九一）六一〇六　FAX：〇三（三二九一）六九〇〇

Eメール：info@dainikaientai.co.jp

ホームページアドレス：http://www.dainikaientai.co.jp/

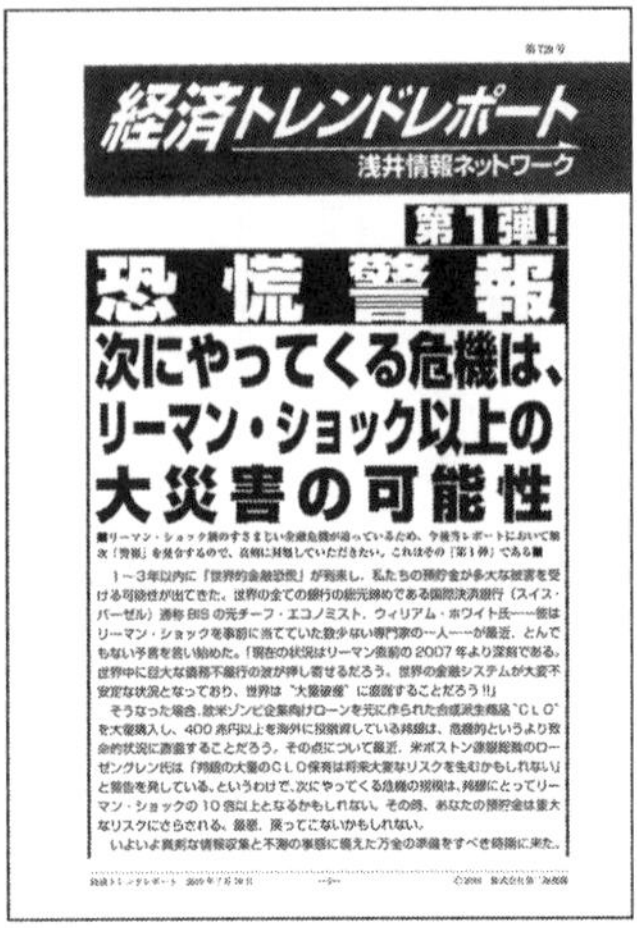

経済トレンドレポート

浅井情報ネットワーク

第1弾!

恐慌警報

次にやってくる危機は、リーマン・ショック以上の大災害の可能性

■リーマン・ショック級のすさまじい金融危機が迫っているため、今後当レポートにおいて順次「警報」を発令するので、真剣に対処していただきたい。これはその「第1弾」である■

1～3年以内に「世界的金融恐慌」が到来し、私たちの預貯金が多大な被害を受ける可能性が出てきた。世界の全ての銀行の総元締めである国際決済銀行（スイス・バーゼル）通称BISの元チーフ・エコノミスト、ウィリアム・ホワイト氏――彼はリーマン・ショックを事前に当てていた数少ない専門家の一人――が最近、とんでもない予言を言い始めた。「現在の状況はリーマン危機前の2007年より深刻である。世界中に巨大な債務不履行の波が押し寄せるだろう。世界の金融システムが大変不安定な状況となっており、世界は"大規模破綻"に直面することだろう!!」

そうなった場合、欧米ゾンビ企業向けローンを元に作られた合成派生商品"CLO"を大量購入し、400兆円以上を海外に投融資している邦銀は、危機的というより致命的状況に直面することだろう。その点について最近、米ボストン連銀総裁のローゼングレン氏は「邦銀の大量のCLO保有は将来大変なリスクを生むかもしれない」と警告を発している。というわけで、次にやってくる危機の規模は、邦銀にとってリーマン・ショックの10倍以上となるかもしれない。その時、あなたの預貯金は重大なリスクにさらされる。最悪、戻ってこないかもしれない。

いよいよ真剣な情報収集と不測の事態に備えた万全の準備をすべき時期に来た。

2019年7月10日号

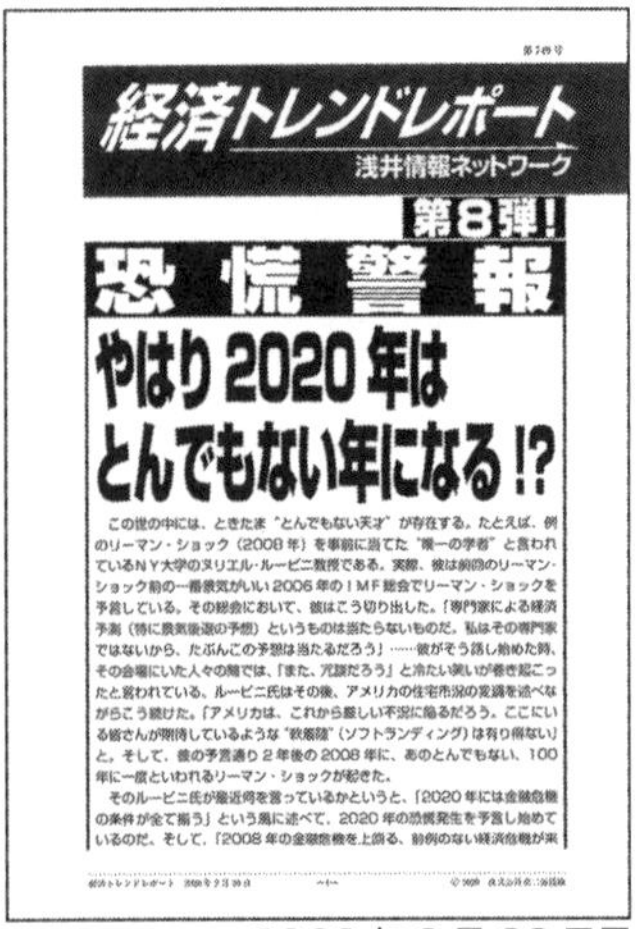

経済トレンドレポート

浅井情報ネットワーク

第8弾!

恐慌警報

やはり2020年はとんでもない年になる!?

この世の中には、ときたま"とんでもない天才"が存在する。たとえば、例のリーマン・ショック（2008年）を事前に当てた"唯一の学者"と言われているNY大学のヌリエル・ルービニ教授である。実際、彼は前回のリーマン・ショック前の一番景気がいい2006年のIMF総会でリーマン・ショックを予言している。その総会において、彼はこう切り出した。「専門家による経済予測（特に景気後退の予想）というものは当たらないものだ。私はその専門家ではないから、たぶんこの予想は当たるだろう」……彼がそう話し始めた時、その会場にいた人々の間では、「また、冗談だろう」と冷たい笑いが巻き起こったと言われている。ルービニ氏はその後、アメリカの住宅市況の変調を述べながらこう続けた。「アメリカは、これから厳しい不況に陥るだろう。ここにいる皆さんが期待しているような"軟着陸"（ソフトランディング）は有り得ない」と。そして、彼の予言通り2年後の2008年に、あのとんでもない、100年に一度といわれるリーマン・ショックが起きた。

そのルービニ氏が最近何を言っているかというと、「2020年には金融危機の条件が全て揃う」という風に述べて、2020年の恐慌発生を予言し始めているのだ。そして、「2008年の金融危機を上回る、前例のない経済危機が来

2020年2月20日号

今回のコロナ恐慌を当てていた、非常に価値のあるレポート。
これだけは最低限お読みいただきたい。

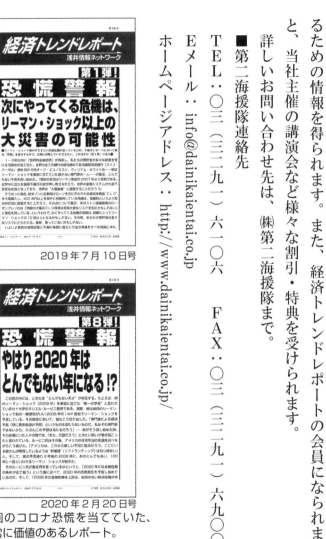

恐慌・国家破産への実践的な対策を伝授する会員制クラブ

◆「自分年金クラブ」「ロイヤル資産クラブ」「プラチナクラブ」

国家破産対策を本格的に実践したい方にぜひお勧めしたいのが、第二海援隊の一〇〇%子会社「株式会社日本インベストメント・リサーチ」（関東財務局長（金商）第九二六号）が運営する三つの会員制クラブ（**「自分年金クラブ」「ロイヤル資産クラブ」「プラチナクラブ」**）です。

まず、この三つのクラブについて簡単にご紹介しましょう。**「自分年金クラブ」**は資産一〇〇〇万円未満の方向け、**「ロイヤル資産クラブ」**は資産一〇〇〇万～数千万円程度の方向け、そして最高峰の**「プラチナクラブ」**は資産一億円以上の方向け（ご入会条件は資産五〇〇〇万円以上）で、それぞれの資産規模に応じた魅力的な海外ファンドの銘柄情報や、国内外の金融機関の活用法に関する情報を提供しています。

恐慌・国家破産は、なんと言っても海外ファンドや海外口座といった「海外の活用」が極めて有効な対策となります。特に海外ファンドについては、私たちは早くからその有効性に注目し、二〇年以上にわたって世界中の銘柄を調査してまいりました。本物の実力を持つ海外ファンドの中には、恐慌や国家破産といった有事に実力を発揮するのみならず、平時には資産運用としても魅力的なパフォーマンスを示すものがあります。こうした情報を厳選してお届けするのが、三つの会員制クラブの最大の特長です。

その一例をご紹介しましょう。三クラブ共通で情報提供する「ATファンド」は、先進国が軒並みゼロ金利というこのご時世にあって、年率六〜七%の収益を安定的に挙げています。これは、たとえば三〇〇万円を預けると毎年約二〇万円の収益を複利で得られ、およそ一〇年で資産が二倍になる計算となります。しかもこのファンドは、二〇一四年の運用開始から一度もマイナスを計上したことがないという、極めて優秀な運用実績を残しています。日本国内の投資信託などではとても信じられない数字ですが、世界中を見渡せばこうした優れた銘柄はまだまだあるのです。

冒頭にご紹介した三つのクラブでは、「ATファンド」をはじめとしてより高い収益力が期待できる銘柄や、恐慌などの有事により強い力を期待できる銘柄など、様々な魅力を持ったファンド情報をお届けしています。なお、資産規模が大きいクラブほど、取扱銘柄数も多くなっております。

また、ファンドだけでなく金融機関選びも極めて重要です。単に有事にも耐え得る高い信頼性というだけでなく、各種手数料の優遇や有利な金利が設定されている、日本に居ながらにして海外の市場と取引ができるなど、金融機関も様々な特長を持っています。こうした中から、各クラブでは資産規模に適した、魅力的な条件を持つ国内外の金融機関に関する情報を提供し、またその活用方法についてもアドバイスしています。

その他、国内外の金融ルールや国内税制などに関する情報など資産防衛に有用な様々な情報を発信、会員様の資産に関するご相談にもお応えしております。浅井隆が長年研究・実践してきた国家破産対策のノウハウを、ぜひあなたの大切な資産防衛にお役立て下さい。

詳しいお問い合わせは「㈱日本インベストメント・リサーチ」まで。
TEL：〇三（三二九一）七二九一　FAX：〇三（三二九一）七二九二
Eメール：info@nihoninvest.co.jp

◆浅井隆のナマの声が聞ける講演会

著者・浅井隆の講演会を開催いたします。二〇二一年は名古屋・一〇月一日（金）、大阪・一〇月八日（金）、福岡・一〇月一五日（金）、東京・一〇月二九日（金）を予定しております。経済の最新情報をお伝えすると共に、生き残りの具体的な対策を詳しく、わかりやすく解説いたします。

活字では伝えることのできない肉声による貴重な情報にご期待下さい。

詳しいお問い合わせ先は、㈱第二海援隊まで。
■第二海援隊連絡先
TEL：〇三（三二九一）六一〇六　FAX：〇三（三二九一）六九〇〇
Eメール：info@dainikaientai.co.jp